夏祭りの戯れ

大西昭彦
Onishi Akihiko

東方出版

はじめに *preface*

〈夏祭機械〉という言葉が、いつのころからか、頭のなかに棲みついている。画数の多い漢字の羅列は、あたかも夏祭りのもつ詩情を拒否しているかのようだ。その重々しさ、非抒情性にはしかし、それなりの原因があるのにちがいない。考えてみれば、どうやら子どものころの記憶がベースにあるようだ。

はじまりは幼児期にかよった保育園で、それは古い神社の境内にあった。そこでの記憶の多くは霧のむこうに消えた風景さながらだが、それでもひんやりとした狛犬の感触、あるいは拝殿の柱の落書、玉垣をはう夏の蛇などを、不思議な生々しさで思いだすことができる。

当時、私はまったく落ち着きのない子どもで、先生たちもよほど手を焼いたのだろう。あるとき、境内にあったブリキ小屋に閉じこめられてしまった。なかは薄暗かったが、ブリキの隙間から日ざしがこぼれていた。目がなれてくると、雑然とおかれているガラクタのなかに、木でできた巨人なモノがあるのに気づいた。いわゆる構造物なのだが、かなり古びていて、なににつかうものなのかもわからない。ただ、不思議なエネルギーに満ちていて、静かに眠る大型獣のようでもあった。それだけに、怪物的な印象をもったことを覚えている。いま考えれば、あれは祭りにつかう神輿《みこし》か山車《だし》だったのだろう。つまり、そこはいわゆる神輿蔵だったのだ。

神輿は、神様の乗り物だとされる。神とか精霊とか口でいうのはたやすいが、それらがどんなものなのかはよくわからない。存在するのか、しないのか。「いま・ここ」で見ることはできないが、存在しないともいいきれない。ただいえることは、私たちは形而上的な存在としてそれらを想像し、思考してきたということだ。どんな構造をもち、どう機能するのかを考え、語りつづけてきた。だからこそ、その存在のために神輿があり、祭りがある。

小学校にはいったころから、私は夏休みの半分ほどを島ですごすようになった。母方の家系が淡路島に縁があったからだ。

電車を乗り継ぎ、連絡船で明石海峡をわたり、バスに揺られて島の南部にたどり着くと、そこには自分と面差しの似た子どもたちがいた。私はいくつかの家々にかわるがわる泊めてもらいながら、海で泳いだり西瓜を食べたりして、日々をすごした。太陽の白いうなり、砂浜の熱風、波のざわめき、はてしない夏がつづいていた。それらは日常にはない鮮烈な季節だった。

やがて夏が熟れてくる。暑さは頂点に達し、島の漁師町に濃密な空気が漂いはじめる。人々は家のなかをきれいに掃除し、仏壇に花をそなえ、ちらし寿司をつくって盆を迎える。島の寿司めしは甘みが強く、家のなかには独特の酢のにおいが漂っていた。夕方になって日が傾くと、路地に水を打ち、床机《しょうぎ》をだす。日が落ちるころには、浴衣がけの男たちがそこで将棋さしたり、酒を飲んだりしていた。薄闇の通りを人々の影がとおりすぎてゆく。遠くから祭囃子《まつりばやし》が聞こえはじめ、それがしだいに近づいてくる。やがて華やかな踊り手たちが、しなやかな身のこなしで姿を見せる。まるで幻のような光景だった。

鳴門海峡をはさんで、対岸には四国の徳島がある。その地の影響を受け、島の南部では阿波おどりが盆の風物詩だった。目には見えない何者かが、人々にまぎれて戯れているかのようだった。踊りは祖霊を迎えるために踊られるのだ。

こうして盆がすぎると、海にはクラゲが増えはじめる。その半透明の海洋生物は、知らない世界からやってくる不可解な存在に感じられた。夏のあいだ開け放たれていた海への扉が、クラゲたちによって閉ざされていくような気がしたものだ。熱い風の吹く砂浜で、海との距離がしだいに遠ざかっていく。

すぎてゆく夏は、ある種のこころなさだ。無数の小さな揺らめきを見せながら、ただ青をたたえて横たわる海。あるいは、わずかなきらめきを内包したあの広い空。それらの無関心な横顔。その沈黙は、祭りのあとのとりとめのない感覚にどこか似ていた。夏がおわると、私たちはまたひとつの名前をあたえられて、いつものありきたりの世界につれもどされる。

祭りは、とりわけ夏の祭りは、季節の訪れとともにひととき日常をゆるがし、駆け去ってゆく。ある時間になればスイッチがはいり、複雑なメカニズムが作動しはじめる〈機械〉のようでもあった。細かい歯車や部品、精密な仕掛けが、カタコトと動きはじめるのだ。太鼓、三味線、神輿、提灯、踊り手、のぼり旗に仮面……それぞれの部品が、ほかの部品とは無関係であるにもかかわらず、ひとたび起動すれば奇妙なかたちで関連づけられ、作動する。精霊たちや死霊たちの世界と、私たち人間の世界とが別々に存在し、ふだんはなんの連携もないというのに、祭りという機械のなかでは、それらがいりまじり動きはじめるのである。その様子はまさに〈夏祭機械〉とでもいうべきものだ。

異なる世界をつなぐための物質や組織を、私たちはメディアと呼んでいる。情報を流通させるためのメディアとしてテレビや書籍があり、経済活動を円滑にするメディアとして貨幣が機能している。同じように、生者と死者の世界をむすぶために宗教的儀式が存在する。あまたの儀式はさまざまな仕様をもったメディアであり、それらを成立させるための歴史的背景が存在する。これらのシステムを総称して〈機械〉と呼ぶことにした。

この機械の内部で、いったいなにが起こっているのか。それは、じつのところよくわからない。わからないが、そこには一定の志向性が働いているのはたしからしい。フランスの思想家ジル・ドゥルーズとフェリックス・ガタリは共著『アンチ・オイディプス』のなかで「欲望する機械」という言葉をつかっている。さまざまなものに溶けこんだ欲望が、それぞれなんの脈絡もなく作動し、なんらかの運動をうながすというイメージを、機械にたとえたものだ。機械の身体は、機械に溶けこんだ欲望にしたがう。しかし、その欲望はまったく目にすることができない。せいぜい作動している機械のなかに、一瞬、その影をかいま見たと感じられるにすぎない。

私のなかでいまも音を立てて動いている夏祭機械も、同じである。そこで作動し機能しているさまざまに部品のなかに、夏祭機械の欲望は溶けこんでしまっている。その欲望とは、いったいどんなものなのか。

きらびやかな祭具のひとつひとつを、分解した部品をならべるように秩序だてて説明されたとしても、その全体像はわからない。むしろ殺伐として、味気なくなるばかりだ。祭りの思想や信仰というものを鹿爪らしく解説されたところで、似たようなものだろう。まなざしが、ふとした瞬間になにかをとらえたところで、それは機械の影にすぎない。

けれども、夏祭機械が生産しているものはある。子どものころに見た巨大な神輿や宵闇の踊り手たちのように、それは私たちの心のなかになにかを現出させる。その機能はたとえば、言葉の働きに近いものがあるだろう。言葉には「いま・ここ」にないものを、あたかもあるかのように出現させる力がある。祭りにもその力が宿っている。力というとすこし大袈裟かもしれない。それは祭祀儀礼がもつ堅苦しい権威性というよりは、むしろ戯れに近いものだ。宵闇のなかで、夏祭機械が動きはじめ、私たちはひととき幻につつまれる。

夜の訪れはかつて、人々を不気味で危険な闇のなかにつれ去っていた。人類の歴史からすれば、ほんのすこしまえのことにすぎない。人々は暗がりのなかで身を固くし、息を凝らしていたことだろう。そんななかで1年にいく度か、宵闇の集落が照らしだされる日があった。かがり火があちこちで灯され、踊りが繰り広げられて、宴がもよおされたのだ。炎の揺らぎは人々の心をあやしく躍らせたにちがいない。その心の在り方こそが祭りである。

いま、真夜中の地球を人工衛星から眺めれば、大陸に点在する都市のあかりを目にすることができる。そのあかりが熾火《おきび》のようにあちこちで明滅している様子は、人間という種族が歴史のなかで繰り広げている乱痴気騒ぎといってもいい。私たちはこの騒ぎに慣れっこになってしまった。祭りが日常になってしまったのである。というより、人間は繁栄という短い祭りの時期をすごしているだけなのかもしれない。

都市が人々を誘いこむように、祭りというものには人を浮き立たせ、活動的にする力が宿っている。とりわけ夏は人が動く季節だ。この季節に、多くの人々をひきつけるのが夏祭りである。東北三大祭りや京都の祇園祭、博多の山笠などは、それぞれ数百万人規模の観客を集める。いっぽうで、町内の盆踊りや素朴な氏神祭りもある。それらをふくめれば、この列島だけでひと夏に数万単位の祭りがおこなわれていることだろう。

本書は、こうした夏祭りの多様さと、その謎についてを記したものだ。まずは序章で、夏祭りの全体像について試論をおこなっている。これを受けて、第1章から第10章までの各章で、10のテーマにそって日本の伝統的な夏祭りを紹介しつつ、その歴史や謎にふれている。第1章は火の祭り、第2章は神輿、第3章は巨大な山車、第4章は船の祭り、第5章は祇園祭、第6章は海路と祭り、第7章は踊り、第8章は祭囃子、第9章は生き物、第10章は異形のものをそれぞれテーマにしている。とりあげた祭りは神々の大祭から鬼たちの奇祭まで、70あまりになる。

夏は日常からの旅立ちをうながす季節だ。夏祭りには、その旅の歴史が凝縮されているともいえる。したがって夏祭りに関する記述は、ある種のトラベローグといっても過言ではない。旅の快楽は、見知らぬものや奇妙なものにふれることであり、同時にそれによって日常世界が逆照射されるということである。ただし、それは想像よりもはるかに毒性をもっているだろう。

夏祭りの戯れ✣目次

◉表記について

※1「祭り」の表記は、送りがなアリを基本とする。しかし、祭りの名称などで送りがなナシが定着している場合は、それに準じる。また、祭囃子など「祭」の字をふくむ慣用語も、送りがなナシとした。

※2「龍」の表記は、上記の字を基本とする。しかし、祭りの名称などで「竜」の字が使用されている場合は、それに準じる。

※3「灯籠」「けんか」などの表記も、祭りの名称などで「燈籠」「喧嘩」の字が使用されている場合は、それに準じる。

序章　祭りに隠されているもの

〈祭祀機械〉とテロリズム

祭りの世界に踏みこんでいくには、その秘められた特質をあきらかにする必要があるだろう。秘められたというと大袈裟に聞こえるかもしれない。しかし、日常の風景がきらびやかになりすぎたために、そのベールに隠れて、祭りの姿が見えにくくなっているという面はある。あるいは祭りの側にも、なにかを隠そうとする意思が働いているのかもしれない。

祭りはしばしば、日常というものと対比されてきた。かつてはその差がいまよりもはるかに鮮明で、ハレとケという言葉で語られることもあった。聖と俗、混沌と秩序という言い方も可能だろう。「俗っぽい」という言葉は、世間慣れして、品位に欠け、ありふれているというような意味につかわれる。しかし、見方を変えれば、それは秩序の証でもある。俗っぽい日常こそが、知性を軸とした世界のうえに成り立ち、論理的に構築され、あたりまえの生活を支えていることを私たちは知っている。

これに対して祭りは、直接的な有用性はなく、意味も曖昧で、そこには正確な情報もない。山のうえや海の彼方から来訪する神々のことも、黄泉《よみ》の国からやってくる祖霊たちのことも、じつのところ私たちはよくわかっていない。祭りは、そんな薄闇のなかであでやかな花を咲かせる。圧倒的なパワーと熱量をもって、それは日常という時間と空間のなかに出現し、一撃をあたえ、立ち去ってゆくのである。

その鮮やかな運動は、あたかも日常にむけられたテロリズムであるかのようだ。いっきに人々の視線をひきつけ、揺さぶりをかけ、騒乱に陥れる。それは戦争というようなものではなく、あくまで共同体の一部にしかけられた用意周到な破壊工作だ。その目的は侵略ではなく、変革あるいは革命にある。こうした特性には、祭りとの高い親和性が見てとれる。祭りとテロリズムの関連について、いくつかの点をあきらかにしておこう。

政治的破壊行動の研究をつづけてきたブライアン・ジェンキンスは、「テロリズムは劇場である」と書いている。劇場のなかでは、冗漫な時間の繰り返しではなく、1回かぎりの特別な時間が流れていく。そこでは平時との明瞭な対比によって、オーディエンス＝観衆に強い印象を刻みつける。「恐怖」を意味するフランス語の terreur を直接の語源にもつように、恐れの刻印こそが大きな目的とされる。すわわち物理的なダメージよりも、観衆に対して心理的な衝撃をあたえるという戦略モデルが、そこにある。しかも、かぎられた時間と空間のなかですべてが完結する。

テロリズムの時空間は、祭りのそれとてもよく似ている。本来、祭りはなんらかの宗教体験をもとにしていた。この宗教体験の奥深くには、異質な世界との強烈な出会いがある。祭りという舞台では、神と呼ばれる超越的な存在が、不可解な外部世界からやってくる。神々のしかけた舞台が鮮烈であればあるほど、人はその世界に強くひきつけられる。そのため、祭りには劇場的な要素がふんだんに盛りこまれた。

外部からの来訪神について、民俗学者の折口信夫は「マレビト」という豊かなイメージをつくりだした。マレビトは、内側の世界にはないモノをもたらす外側の存在だ。もたらされるモノは共同体にとって福かもしれないが、災いかもしれない。すなわちマレビトとは、秩序と混沌のふたつの世界をいききする神であり、同時に鬼でもあった。いわば象徴的なテロリストである。共同体の論理が通用しない異界からもたらされるモノがなんなのか、それはだれにもわからない。しかもマレビトの姿は、テロリストと同じで見ることができない。つねに不可視の存在である。祭りはこうした偶然性と不確実性に満ちたエネルギーのうえに成り立っている。

そのエネルギーを借りて、祭りは共同体の内部に働きかけてくる。それをするのは、内部の力である。外部の力による占領でもなければ、征服でもない。

もし祭りが外部からの侵略だとすれば、まったく別の目的をもったものになってしまうだろう。それは儀礼性や演劇性をもたないたんなる催事であって、祭事とはいいがたい。もしくは経済性や政治性を強くふくんだイベントと称されるものだ。祭りは、共同体の内側でつくられる。内部に揺さぶりをかけるための内発的なエネルギーである。

それが証拠に、日常のなかには〈祭祀機械〉としてのシステムがたくみに構築されている。一見なんの役割をはたしているのか見当もつかない〈部品〉が、たがいに連関し、有効に機能することで、機械は作動している。

祭りの場合は、ある共同体＝社会に属する人々がさまざまな役割をにない、開催の目的や進行のためのアルゴリズムを用意してきた。こうして祭りは長い年月にわたって維持運営されてきた。そもそも日常を構成している社会というのは、神々を祀る場所である〈社〉と、多くの人が集まって相談をするための〈会〉からなる。この〈社会〉のなかで、祭りがくわだてられる。祭りをもよおすには、どんな理由が必要なのか。どこで、だれを対象におこなうのか。いつはじまり、いつおわるのか。個々の祭具やひとつひとつの所作には、どのような意味がこめられているのか。厳密なルールがそこで決められてきた。

たとえば、神職が手にしたり神輿の屋根につけられたりする御幣は、そこに神が宿るものとする。神輿を激しく揺さぶる〈魂《たま》振り〉によって、神霊の活性をうながす。おごそかに、あるいはにぎにぎしくもよおされる舞いや踊りは、神々を愉しませるためにある。そう意味づけたうえで、人々は祭りの渦に飛びこみ、その渦に巻かれる。日常というケの世界とは異なり、祭りというハレの世界では、機能性よりも象徴性にこそ価値があるのだ。

だからこそ、祭祀をつかさどる者たちはきらびやかな装束をまとう。騒音としかいいようのない囃子を奏でる。あきらかに過剰ともいえる山車《だし》の装飾に執着し、その巨大化を企図するのだ。しかもそれらは、密やかに準備がなされ、ほんの一時期だけ、一定の領域を占有して、あとかたもなく立ち去ってゆく。なんともエレガントなテロリズムではないか。

増殖の冬祭り、浄化の夏祭り

古代人は神とともに生きていた、というような言い方をする。

ひと口に神といってもさまざまである。まずは大きく分類して、日本古来の神と渡来の神がいる。日本古来の神は、高天原《たかまがはら》に生ずる天津神と、古くから国土を治めていた国津神にわけられる。前者を神、後者を祇といい、渡来神は蕃神《ばんしん》と呼ばれた。

この神という超越的でありながら擬人化された存在は、それほど古い時代に生まれたものではない。日本人の意識の古い地層にあったのは、〈タマ〉と呼ばれる存在だ。それは神よりも古い概念で、目には見えない精霊をさしている。この精霊が「あの世」と「この世」をつなぐ働きをしてきた。その機能がやがて、祭りというメディアをもちいて、あの世の情報を人々に伝えるメカニズムを生んだと考えられる。

では、その精霊はいつ、あの世からやってくるのか。

その時期は日本人が古くから親しんできた自然観と、深く結びついている。強い宗教性をもった古代人の暮らしは、当然のことながら自然と密接な関係があった。なかでもきわめて大きな意味をもっていたのは、月の満ち欠けと太陽の位置である。月も太陽もとどまることなく、たえず天空を動きつづけている。神々はひとところに居つづけるのではなく、移動するものだという感覚は、おそらくはここから生まれてきたのだろう。螺旋を描くようにして、あるいは渦を巻くようにして、月日がめぐり年がめぐる。

祭りのなかに特徴的に出現する輪踊りというスタイルは、天空をゆっくりと移動する天体のアナロジーだと考えられる。このスタイルは日本だけにとどまらず、世界各地で見られるものだ。祭りのなかに構築されたルールは、1日という時間、1年というサイクルを模しているのである。

このサイクルのなかにあって、とりわけ極端な状態が冬至と夏至である。夜の時間がもっとも長くなる冬至と、昼の時間がもっとも長くなる夏至。このふたつは、世界が反転する日でもある。冬至と夏至を境にして、昼の時間が少しずつ長くなる陽の世界と、夜が長くなっていく陰の世界がいれかわる。このきわめてアンバランスな時期に、多くの祭りが集中しておこなわれてきた。祭りの原型は、冬至のころの冬祭りと夏至のころの夏祭りにあるといっても過言ではない。精霊はいつやってくるのか、という問いの答えは、ここにある。

精霊たちはアンバランスになった時空間のひずみをたどるようにして、あの世からこの世にやってくる。祭りというのは、この精霊たちを迎え、もてなし、送るということにつきる。

なかでも冬祭りは、長い〈ケ〉の期間をへて、勢いを失ってしまった精霊にふたたび活力を注ぎこむことに意味の中心をおいてきた。冬は「ひゆ＝冷却」からの派生語であると同時に、「ふゆ＝増殖」という語源もあわせもつとされる。そのため冬祭りでは、狭い空間にこもり、冷えて衰えた精霊を増やし、勢いづける儀式をおこなうことが多かった。ときに大地を足で踏み鳴らし、冷気のなかを裸で駆け回ることもある。そこにはさまざまな精霊が訪れ、なかには奇怪な面相や鬼の姿をしたもの、あるいは邪悪なもののもまじっていた。祭りは増殖の儀式であるとともに、邪を祓うことでもあった。

夏祭りでは、この祓いが強調される。外界からやってきた邪悪なものを追い払うとともに、夏祭りは日常という俗世界で身にまとった罪やけがれを浄化することにフォーカスしている。そのため、多くの夏祭りは悪霊や悪疫を追い払い、身を清めるための禊《みそぎ》を軸とする。ただし祭礼として認められるようになったのは平安期からだ。いわゆる夏越祓《なごしのはらい》と呼ばれるものである。

その呪法はもっぱら水辺での祓いや清めというかたちをとった。神輿を担いで水のなかにはいったり、海上渡御をおこなったりするのも、同じ意味あいからだ。土地によっては、茅の輪くぐりによって祓いをするところもある。茅の輪とはイネ科の植物である茅《かや》を束ねて、大きな輪にしたものをさす。これを神社の境内に設けた。人のかたちを模した紙の形代《かたしろ》にけがれを移し、身代わりとして海や川に流すというメソッドもある。

御手洗団子《みたらし》もその起源は夏の祓いにある。御手洗とは文字どおり手を、水で洗い清めることを意味する。京都の下鴨神社では夏、土用の丑の日に御手洗池の清涼な水に足をひたすことで、厄が祓われるとされた。やがてこの神社の参道などで団子が売られるようになり、御手洗団子の名で呼ばれるようになった。

盂蘭盆（盆）もまた、こうした夏祭りの系譜にある。盆とは、あの世から訪れてくる精霊を迎える夏至の行事が、仏教化したものである。荒ぶる精霊の世界は、仏教のもつ中庸を重んじる世界と溶けあうことで、しめやかな気配を加えたことだろう。このもてなしの儀式は、祓いとともに夏祭りがもつ重要な役割となっていく。祖霊や精霊はもちろん、悪霊までもふくめて、異界からの来訪者をもてなし、彼らに贈り物をする。そうすることで、来訪者からの応答をうながし、災いを避け、恵みをえようとするのである。夏祭りは、日常と異界とのあいだでかわされる「贈与の儀式」でもあった。

夏至と盆の時期にズレがあるのは、立秋（太陽暦8月7日ごろ）を1年の折り返しとしたことがあげられる。もっとも暑いときが夏至より1カ月ほど遅れてくることも、少なからず影響しているだろう。明治になってすぐに新暦が生活に馴染んだわけではなく、戦前までは旧暦で盆の行事をおこなっていた。「八月盆」が主流となるのは戦後のことである。こうした経緯から、現在の夏祭りの多くは、夏至から盆の時期までの2カ月ほどにわたって催されている。人々が暑さに打ちひしがれるその時季に、精霊たちはこの世にやってくるのである。

しかし、いまほど日常から死を遠ざけている時代はない。死は隠蔽され、遮断されている。祭りは地域活性化の名のもとに、どんどんとイベント化が進んでいった。そこに漂う違和感は、観光人類学などでもテーマにされてきたことだ。もちろん時代の変遷にともなって、文化装置が変容することはめずらしくない。異界への通路を開くこと、精霊とコミュニケートすることが、きわめて困難な時代になったことで、なにが失われていったのか。

生者と死者のシンメトリー

柳田國男がマツル（祀る）という言葉の語源にふれている。柳田説によれば、もともとはマツロフ（奉ろう）であったという。いまでいえば「おそばにいる」ということで、つきしたがう、奉仕する、というような意味があった。

祭りが神や祖霊を祀ることであるならば、かぎられた時間と領域のなかで、ひとときをともに過ごし、つねにそばにいて身をつくすことが祭りである。さらにいえば、祭りは神の来訪を〈待つ〉ことであり、神の言葉を〈待つ〉ことでもあった。そこには神を敬うと同時に、畏怖する気持ちが強くあらわれている。

古代の集落は、圧倒的な自然のなかで、ごくわずかの領域を占める存在でしかなかった。その矮小さや脆弱さを想像すれば、畏怖という言葉が誇張ではないと納得できるだろう。夜になるとあたりは漆黒の闇に支配され、獣たちの襲撃におびえなければならない。冬は寒さとひもじさにに閉ざされた死の世界におおわれる。夏になれば日照りで穀物が枯れ、高温と多湿によってモノが腐り悪臭を発する。神の世界がもたらす過酷さは、人の知恵や技術を凌駕するものだった。

かといって、神の領域と人の領域に支配―隷属という関係があったわけではない。死者と生者、自然と人工、森と里、都と鄙といった対立した存在は、つねに鏡あわせの要素をもっている。ふたつの世界は、どちらかいっぽうが衰えれば片方も衰え、どちらかが栄えれば片方も栄えるという構造になっている。つまり、両者はシンメトリーの関係にある、というのが本来の考え方であったはずだ。いわば分身である。

人の世界はときに自然からの襲撃を受けるが、自然の領域も人の侵入を受けてきた。双方が侵犯を繰り返し、しばらく滞在したのち、立ち去る。そこには、緊張と緩和による分離と融合がみられた。

こうした関係に様式をもちこむことによって、祭りが誕生したといえる。〈見えない存在〉である御霊《みたま》は、神の領域にあるもので、それが動物の肉と毛皮をまとった仮の姿で里におりてくる。人はその訪れを待ち、礼をつくしてもてなしたのち、また山に送りだした。人はそれほど御霊を慈しみ、同時に恐れたのである。

祭りの言葉に難解なものが多いのも、畏怖のあらわれである。あえて言葉をわかりにくくすることで、現実世界との分離を図ろうという意図があった。畏怖するものに対して、名前で呼ばずに婉曲的表現をつかう例は多い。神事を人目につかないよう秘密にしたことも、そのあらわれである。こうして祭りは、ますます様式性を帯びていった。

動物の御霊というかたちをとった精霊を迎え、もてなし、送る。その古典的形式は、祖霊を〈迎える・もてなす・送る〉という盆の行事といかにも似かよっている。おもしろいことに、儀式のなかに見られる矛盾点までもがそっくりだ。

たとえば地方によっては、盂蘭盆に盆棚や精霊棚を特別に設けるところがある。これらの棚は、この世にやってきた祖霊の、いわば臨時宿泊施設のようなものだ。盆がおわれば、すべてとりのぞかれる。しかし、よく考えてみれば、家に仏壇があるにもかかわらず、それとは別に仮の祭壇を設けるというのは奇妙な話ではないか。

なぜこうした重複が起きたのか。それはおそらく、もともとは別々だったものがひとつになったためだろう。特別の祭壇を設けるのは、古代から受け継がれてきた先祖祭りの名残である。盆の習慣が日本に導入されたのちも、その風習が重複したまま存在したと考えられる。

同じことが、神祭りにも起きている。

本来、神は祭りの時期にのみ来訪し、しばらくすると立ち去っていくものとされる。ところが、神社を設けることで本殿には神が常在するようになった。祭りは盂蘭盆のアナロジーであり、盆棚は神社のそれである。つまり、ここにも重複があって、神社と祭りの関係は仏壇と盆の関係と相似である。

ただし、古い神社ではこの関係に矛盾がないところもある。一例をあげれば、日本最古ともいわれる奈良県の大神神社がそれだ。

日本各地には、神が宿るとされる神体山が数多くある。いわゆる霊峰である。山そのものを神体とする古くからの思想が、ここに受け継がれている。三輪山のふもとに建っている大神《おおみわ》神社には、本殿がない。拝殿があるのみだ。つまり神体である山をまえにして、神社には神を拝する建物だけがあるというかたちをとっている。

本来はこうしたものだったのだろう。したがって、神事をともなうほとんどの祭りでは、まず神霊を祭場に迎える〈神降ろし〉がおこなわれる。そのあと、神を活性化させたり慰撫《いぶ》したりするために、〈御霊《みたま》振り〉や〈御霊鎮め〉などの行事をおこなった。

この世を訪れた神は、行事をとおしてこの世に豊饒をもたらすとともに、もうひとつ大きな役割をになっていた。それは災厄を祓うことである。とりわけ怨霊を怖れた平安時代には、この役割が顕著になってきた。

平安時代の人々は、災厄をもたらす疫神が、雨のように空から降ってきたり、風とともに彼方から飛来するとは考えていなかった。人と同じように、歩いてやってくると信じられていた。そのため都や里では、疫神の侵入を防ごうと、外界との境で祭りをもよおした。これを道饗祭《みちあえのまつり》と呼ぶ。770（神護景雲4）年6月にはすでに、平城京の四隅と畿内10カ所で疫神を祀ったという記録がある。平安初期の『神祇令』にも、6月と12月に平安京の四隅に祀ることを定めた記述がある。疫神を饗応し、侵入を阻止するためである。これがのちに厄神祭になり、八幡神社の職能となっていった。

当時は疫病も、恨みをもって亡くなった死霊の祟りだと考えられていた。この疫病を鎮めるため、863（貞観5）年に京都の神泉苑でおこなわれた初の祇園御霊会は、当時、最大級の厄祓いの祭礼だった。その後、疫病や飢饉が発生すると、紫野や衣笠などでしばしば御霊会が開かれ、これが各地に伝えられ広まっていくことになった。

〈見えない存在〉による演劇と破壊

祭りが伝播していくには、祭りそのものの魅力が欠かせない。たとえば〈都風《みやこぶり》〉を披露することで人々の関心をひく、というような技巧である。

いまでは祭りを古くからの伝統ととらえる傾向があるが、かつては祭りが最先端の情報発信メディアとして機能していた。それにはデザイン性やスケール感において卓越したものが必要とされた。精霊を〈迎える・もてなす・送る〉という本来の意味は保持されたまま、もうひとつの補助線が強烈に祭りの方向性に影響をあたえることになった。補助線は往々にして権力や利害によって引かれることになる。こうして非日常的な存在である祭りに、日常の事情がもちこまれるわけである。マツリ（祭祀）はマツリゴト（政治）の色彩を強めることで、豪華絢爛になり、人々をひきつけ広がっていくことになった。

全国の祭りの動員数はいまも拡大をつづけ、なかでも夏祭りの人気は高い。統計によれば、動員数上位20の祭りのうち、14が夏祭りである（2015年『月刊レジャー産業』資料）。祭りに集まる観衆の数は膨大で、歴史的に見ても最大規模であることはまちがいない。〈劇場〉を祭りのアナロジーとして見るなら、そこにつめかけたオーディエンスに対してとてつもない拡散効果が望める状況にある。

しかし、日常のエネルギーが増大するにつれて、逆に祭りの象徴的な効果は薄れている。世俗化は現実世界だけで祭りが完結することを意味し、祭りの内部に俗世間的な淀みが積もっていく。異界との交通という本来の目的はおぼろになり、動員数の増大という巨大なエネルギーが宗教性をはらむことは稀だ。

これは動物の家畜化や農耕の進展、狩りの道具の高度化が、森と里のシンメトリーをいびつにしたことと、どこかつうじるものがある。技術の進歩は、狩りや農耕に効率化をもたらし、その規模を爆発的に拡大させた。いっぽうで、神話のかたちを借りて人に語りかけてきた自然や動物たちは、口を閉ざし、沈黙するようになってしまった。人に語りかけてくるその言葉はもちろん、祭りを生んだ人の知性すら、すでに想像できなくなっている。〈待つ〉という慎み深い心の働きは、もはや感じとることができない。

祭りと日常はたがいに鏡像関係にあって、日常の構造が変化すれば、祭りも変容していく。ところが、異常なまでの日常の量的拡大と技術的発展は、鏡の枠を超えてしまったかのようだ。その過程で、祭りはどんどん飼い馴らされ、無毒化されて、その衝撃性を失っていった。

かといって、祭りがもつ本質的な能力が失われてしまったかといえば、そうではない。その大きな特徴のひとつが強い拡散能力である。「神的世界は感染しやすい」とジョルジュ・バタイユも書いている。この能力を支えているのは、神の領域や祭りがもつある種の破壊性や暴力性だ。それはよくわからないもの、想像を超えるものに対する、人々の畏怖に根ざしている。人々の関心はそのまがまがしさにむけられる。それは危険なことだ、ともバタイユは指摘している。というのも、一度活動しはじめたものは、あたかもビーカーのなかの化学反応ように、つぎつぎ連鎖していくからだ。その反応の過剰さや不安定さが、日常を根底から揺るがすことにもなりかねない。

しばしば見られる神輿の打ち壊しは、破壊性が露骨なかたちであらわれたものだといえる。広島県福山市の素盞鳴《すさのう》神社祇園祭には、祭り最終日にけんか神輿が登場する。3つの地区が誇りをかけて神輿を激しくぶつけあう。いまは神社の境内でおこなわれるが、かつては町なかで繰り広げられた。神輿の損傷が激しく、修理するたびに重みが増していったという。

兵庫県姫路市白浜町で催される灘のけんか祭りでも、3基の神輿を激しくぶつけあう。ときに死者がでるほどの危険と背中あわせだ。こうした破壊をともなう祭りは、全国各地に多くの類例が見られる。なかには暴力性が極端なかたちであらわれたものもある。

長崎半島最南端にある漁師町でおこなわれる脇岬祇園祭もまた、地元の人々のあいだでは「けんか祭り」と呼ばれている。ここでは祭りの最中に、実際の殴りあいが繰り広げられる。神の名によってのみ許されるエネルギーの暴走だ。

これらの破壊や暴力は、物理的な力として人やモノにむけられると同時に、象徴的行為として〈見えない存在〉を射程にとらえている。この〈見えない存在〉というのは、イギリスの民族学者R・H・コドリントンがメラネシアをめぐる調査研究によって見いだした〈マナ〉によく似ている。マナとは、南太平洋の島々に住む原住民たらとともにある超自然的な存在だ。圧倒的な力をもつマナは、善でもあれば悪でもあり、モノからモノへと転移・伝染していく。

こうした〈見えない存在〉が生者の世界を訪れ、だれの視線にもさらされないまま去っていく。その存在が可視化されないか、あるいはなにかに化身するというのは、その不思議な力を暗示させるための技巧でもある。この不思議な力は、〈見えない存在〉が隠しもっているもので、本質的には破壊や暴力と深く結びついている。

祭りがそなえている華美な演出は、贅沢というかたちを借りた暴力性ということもできるだろう。ではなぜ、暴力性は贅沢さに擬態するのか。

その理由は、蕩尽《とうじん》によって、欲望の破壊がなされるということにある。祭りで繰り広げられる疑似的な、あるいは演劇的な豪華さは、現実の諍《いさか》いや対立を緩和する代償行為として機能する。事物を破壊したり、貨幣を浪費したりすることで、消尽《しょうじん》をうながしているのである。「贈与の儀式」が、より過激なかたちとしてあらわれた結果だともいえるだろう。あるいは、欲望を分析したルネ・ジラールが指摘する「満場一致の暴力」といってもいい。共同体の危機に際してスケープゴートが用意されるように、祭りという舞台のうえで満場一致の破壊や暴力が身代わりの山羊として機能するのである。それはひとつの悪だ。悪として作用することによって、社会の内部に巣食っている負のエネルギーを発散させ、解消する。その力を、祭りはそなえていた。蓄積を戒め、新しいエネルギーを生みだし、共同体を活性化してきたのである。

私たちは祭りによって、日常的な有用の世界から切り離され、知的な理解を拒絶する気まぐれな世界へとつれ戻されていく。こうして秩序は混沌へ、冗長は偶然へと転位させられる。断ち切れ、放棄せよ、というのが祭りのメッセージだ。破壊と暴力を触媒とした、死者の国からの贈り物ともいえる。

しかし、鋭い衝撃をあたえながら、秩序攪乱というたくらみは、たえず挫折していく運命にある。日常を完全に破壊しつくすことが、祭りの目的ではない。日常に揺さぶりをかけ、覚醒をうながすことに、その狙いがある。だからこそ、象徴的テロリズムとしての祭りは、もろくも挫折し、幻のように消えていかなければならない。夏がすぎていくようにして、祭りがおわることで、はじめて祭りはその意味をもつことになる。

みたらし祭り…京都府京都市左京区、7月土用の丑の日を中心とした前後5日間
素盞嗚神社祇園祭…広島県福山市新市町、海の日直前の金曜日から日曜日
灘のけんか祭り…兵庫県姫路市白浜町、10月14日・15日
脇岬祇園祭…長崎県長崎市脇岬町、8月第1土曜・日曜日

第1章　火のもつ不思議な力

火は異界への通路

火がもつ不思議な力に、人は聖なるものとのつながりを見ようとした。イギリスの人類学者J・G・フレーザーは「人類のあらゆる発明のなかで、火をおこす方法の発見こそは、もっとも記念すべきものだ」と語っている。それはたんに利便性だけの問題ではない。むしろ利便性を超えた世界に、人は火の役割を見いだしてきた。男たちは焚き火から暖炉にいたるまで、火をおこしそれを守ることに矜持と享楽を見いだした。女たちは竈《かまど》をあやつり火と対話することに、やはり喜びと誇りを感じてきた。火は家の守り神とされ、古くから家々や地域に祀られてきたのである。

フランスの哲学者ガストン・バシュラールは火をめぐる考察のなかで、『有用さ』ということによる説明は『快さ』ということによる説明に譲歩しなければならない」と書いている。たしかに火は実用以上のもの、あやしく人の心を誘うなにかをもたらした。バシュラールはそれを快さだという。では、その快さとはいったいなにか。

多くの神話や民話に火が登場するのは、けっして偶然ではないだろう。そこではこの世界ともうひとつの世界とを結ぶ通路として、火が機能している。インドの神話では、祭火＝アグニに投じられた供物は、煙となって神々の世界に届けられる。神々もまた、アグニをとおして祭りの空間にやってくる。灰かぶり姫すなわちシンデレラにとっての竈も異界との通路であり、マッチ売りの少女の火もそうだ。

火が精神にもたらすあやしい力に、人は早くから気づいていた。それは物語だけではなく、祭りにも反映されている。たとえばスペイン各地でおこなわれるサン・フアンの火祭りは、キリスト教が広がる以前にまでさかのぼる古いもので、夏至祭の一形態である。夜がもっとも短かくなるこの日に、火の力を借りることで悪霊を払い、善良な神霊や精霊を迎えるのである。この魔術的な夜に海にはいれば、幸福が訪れるとする地域もある。火とともに、水のもつ不思議な力にも目がむけられるケースは少なくない。

アンドレイ・タルコフスキー監督の映画には、火や水が印象的に描かれている。『ノスタルジア』では、雨や水滴、泉、霧につつまれる森などが神話的な気配を漂わせている。最後は、ベートーヴェンの交響曲第9番が流れるなか、主人公の焼身自殺によって幕が閉じる。ここでは、音楽と火は同じような意味をもっているのだ。『サクリファイス』でも、家が燃えあがる場面で映画がおわる。火に焼かれ炎につつまれる家は、神に捧げられた犠牲であり、世界の消滅と生成をあらわしているかのようだ。

火の神格化は世界各地に見られる。アイヌの伝承には、アペフチと呼ばれる火の女神が登場する。アペは火を、フチは老婆を意味し、その老婆はアペオイ（囲炉裏）のなかに鎮座しているとされる。外から神が訪ねてくれれば、彼女がその相手をするのである。火は神の国につながっているのだ。北海道網走市で開かれるオロチョンの火祭りもまた、こうした思想や伝統を背景にしてつくられている。

北方民族の魂と語らう

オロチョンという言葉は聞きなれないが、これは満州とシベリアの移行地帯に居住するツングース系の民族をさす。ただし一時期の日本では、「北方民族」を漠然とさす言葉としてつかわれた。その慣習的な用法から、祭りの名前にオロチョンをとりいれている。つまり、この祭りでは、特定の民族の祖霊を祀っているわけではない。いくつもの先住民族の慰霊と五穀の豊穣を祈願したものだ。

オホーツク海に面した網走は、古来より北方民族との交流が盛んな土地だった。こうした北方の民の一部がオホーツク沿岸に住みつき、やがて独自のオホーツク文化を形成することになった。古代史の記録にあたれば、3世紀ごろにそれははじまり、12世紀ごろまでつづいたとされる。北海道での分布は、ちょうど流氷が訪れる地域とほぼ重なる。胴部にふくらみをもつ土器をつかい、後期には細い紐状の土をうねるように走らせた模様（ソーメン文）が特徴的だ。その痕跡をいまに伝える遺跡のひとつにモヨロ貝塚がある。

この貝塚は１９１３（大正２）年に発見され、調査研究が進むにつれ、約１５００年前から９００年前にかけてこの地で生活をしていた人々がいたことがわかってきた。大和では古墳時代後期から平安後期という時代に相当する。ここで暮らした人々は、北海道の古代人や本州の古代人とはまったく異なる文化や風習をもっていた。どうやら北方文化の流れを強くくんでいたようで、貝塚内の墳墓からは多くの埋葬人骨も発掘されている。

このモヨロ貝塚が祭りのきっかけになった。ここに埋葬された人々の霊を祀ろうと、催しを提唱した人がいる。理髪店をいとなみながら在野の考古学研究者として活動した米村喜男衛である。米村はモヨロ貝塚の発見者でもあり、第二次大戦後は北見郷土館（現・網走市立郷土博物館）館長も務めた。

祭りは１９４０（昭和15）年ごろからはじめられ、１９５０（同25）年には「オロチョンの火祭り」として正式に網走市の行事に組みこまれた。当初は樺太アイヌ系の宗教儀式に則っていたが、やがてギリヤーク系やオロッコ系の人々もこれに参加した。多くの祭りは他者を排除する傾向が強いが、ここでは多様な北方系文化とシャーマニズムをとりいれ、そのかたちを整えていった。

シャーマンという言葉はツングース系の諸民族に共通して存在した〈サマン〉を語源とし、呪術的力によって共同体を統率した人をいう。シベリアからモンゴルにかけては、古代からシャーマン文化が栄えた土地だ。これらが日本に伝わり、アイヌ文化や神道にも影響をあたえたといわれる。

オロチョンの火祭りにも、神と語りあうことのできるこのシャーマンが登場する。シャーマンは色とりどりの布をトサカのようにつけた冠をかぶり、踊りながら手にしたトナカイの皮の太鼓とバチを打ち鳴らす。その際、エゾ松の葉を生木のまま火にくべて、その煙によって場を清める。そうすることでシャーマンはより強い霊力をえるとされ、倒れるまで踊りつづけることもある。

祭りに参加する人々は、美しい民族衣装を身にまとい、火を中心に輪を描くようにして踊る。北方民族の多くに樹木信仰がみられるため、衣装には木や植物を反映した絵模様がつかわれている。樹木の力が悪霊をしりぞけるといわれるからだ。手には、サケやトナカイの皮でつくられたヨードプあるいはコロホルと呼ばれる楽器をもっている。ヨードプはシャモジのようなかたち、コロホルは円形で、なかに米と小豆をいれて音を鳴らす。踊りは腰を揺らしつつ腕を左右にふる単純なものだが、勢いのある動きで、喜びをあらわしているという。

オホーツク文化は、古代から中世にかけて北海道東北部に広がり、忽然として消えた。その幻を火のあやしさとともに現代によみがえらせた祭りである。

富士山と巨大たいまつ

山国である日本で、火といえば火山が連想される。山梨県富士吉田市は、富士登山の北口（吉田口）として知られる土地だ。祭りの舞台となるのは標高約８００メートルの上吉田地区。富士山へとつながる約２キロの富士みち（国道１３７号線）を中心に、火祭りが繰り広げられる。北口本宮冨士浅間神社と境内社諏訪神社の例祭で、400年余りの伝統を受け継ぐ。富士山の最後の噴火は1707（宝永4）年のことで、かつてはまさに火の山の祭りだった。

長野県の諏訪大社では、諏訪明神が蛇体となってあらわれるとされる。ここ上吉田でも、同様の蛇にかんする伝承がある。これによれば、火祭りの神輿が神社から御旅所に渡るとき、ともに白い蛇が町をくだっていくとされ、これを「白蛇様のおくだり」と呼んでいる。古来、日本の信仰では、山には神の化身である蛇神または龍神がいるとされてきた。龍蛇は女神であり、男神である山からひととき離れて、湖や海など本来の棲みかに戻るとされる。上吉田の伝承もそのひとつである。

町には富士御師《おし》と呼ばれる人たちがいて、登山者（参詣者）に食事や宿の世話をし、ときに祈祷や祓いをおこなうこともある。火祭りの朝には、屋敷内の川を清め、けがれを祓って、蛇神がとおっていくのを迎えたという。

2日間つづく祭りの初日は「鎮火祭」である。浅間と諏訪の両神社からそれぞれ神輿が出発し、御旅所へ渡御したのち、大たいまつと氏子各戸のかがり火に火がはいる。大たいまつは直径90センチ、高さ約3メートルという巨大なものだ。これが約80本も設置され、いっきに燃えあがることで、町には幻想的な光景があらわれる。

翌日の「すすき祭り」では、神輿が市中を練り歩く。日が暮れると、神輿はかがり火が焚かれる神社境内の高天原《たかまがはら》と呼ばれる場所に戻る。そこで荒々しい神事がおこなわれ、祭りはクライマックスを迎える。その後、たいまつの消し炭《おき》をもち帰ると、防火や安産のお守りになるとされ、すすき祭りには多くの女性が参加する。安産の神とされるのは、冨士浅間神社に祀られる木花開耶姫《さくやこのはなひめ》が、燃え盛る火のなかで皇子を出産したとの神話に由来する。

どの祭りもけがれを嫌うが、なかでも火祭りにはそれが顕著にあらわれる。忌服あるいは「ブク（服）がかかる」とは家に不幸があったという意味で、その家の者は火祭りを見ることを避けるしきたりがあった。そのためブクのあった家は、祭りのあいだ町を離れる。これを「手間取り」という。事情があって町を離れられない場合は、家にこもって火祭りをやりすごすのが習わしだ。そもそも火はさまざまなものに燃え移ることから、けがれやすいとされた。そのため、各地でおこなわれる火祭りでは、祭りのたびに新たな火をおこす。

吉田の火祭りは毎年8月26日・27日におこなわれ、これを境に富士山は「お山じまい」となる。江戸時代は旧暦6月1日が山開き、同7月27日が山じまいとされた。新暦にすれば、おおむね現在の祭りのころに重なる。山じまいになると本来、山小屋が閉じられ夏山はおわりを告げるのだが、実際は9月半ばころまで山小屋の営業はつづく。

熊野の山に燃え立つ炎

古来より山には神が棲むとともに、鬼や魑魅魍魎《ちみもうりょう》が跋扈《ばっこ》するといわれた。霊地であり、不気味な場所でもあったわけだ。その山がもつ力は、平地に住む人々の暮らしに揺さぶりをかけつづけてきた。この祭りもそのひとつである。

那智の火祭りは熊野那智大社の例大祭で、正式には「扇祭」または「扇会式法会《おうぎえしきほうえ》」の名をもつ。ここに祀られる神々が飛瀧《ひろう》神社へ年に1度の里帰りをするという神事で、毎年7月14日におこなわれる。

これに先立ち、7月9日に社殿を清め、那智大滝の注連縄《しめ》を張り替える。そののち11日に扇神輿12基を組み立て、13日に宵宮祭をおこなう。神々が里帰りする飛瀧神社は熊野那智大社の別宮であり、那智の滝そのものを神体としている。

祭りは朝10時にはじまり、稚児による大和舞につづき、世界無形文化遺産に登録された那智の田楽が奉納される。この田楽は大きく3つにわけられ、大和舞、田楽舞、田植え舞がある。囃子方は笛や太鼓など12人。秋の収穫を祈願して、農具を打ち鳴らし舞い踊ったのがはじまりといわれる。しかし、田植え舞をのぞけば、舞いそのものは洗練され、農作業を模した表現はほとんど見られない。

午後になると、扇神輿12基の渡御がはじまる。本殿をでた扇神輿は石段をくだり、燃え盛る12本の大たいまつに迎えられる。1本50キロものたいまつが、鬱蒼と茂る木立ちのなかを乱舞する。その様子はさながら山に棲む精霊の顕現のようでもあり、強く印象に残る。神輿はこのたいまつから火の粉を浴び、清められることになる。

これらの神輿には、それぞれ熊野の神々12体を乗せている。細長い木枠（幅1メートル、高さ10メートル）を朱色の絹緞子で飾り、そのうえに金扇をつけたものだ。かなり風変わりなかたちだが、これは滝の姿を表現している。さらに神輿はそれぞれ月をあらわし、12本で1年になる。組み立ての際は竹釘360本をつかい、これは旧暦で1年間の日数を示したものだ。暦へのこだりは、祭りが農業と深くかかわっている証だろう。

神輿を飾る「扇」は、涼をとるためではなく、神事との関連で語られることが多い。扇の巻き起こす風は、吹き寄せるときには福を招き、吹きすぎるときには厄を祓うとされた。平安時代の神道資料『古語拾遺』には、田をイナゴに食い荒らされた際に、扇であおぐことでこれを追いはらい、虫害をしりぞけたという話が記されている。

熊野は、古くから山岳信仰の霊地として神聖視されてきた土地である。江戸時代までは神の依り代となる木を立て、神を迎えた。このあと神が天に帰ってしまわないよう、木を倒す神事があったともいう。また、古くから死者の集まる土地といわれ、冬場には御燈祭という古い火祭りもある。上《あが》り子《こ》と呼ばれる2000人もの参加者が、白装束でたいまつをかかげ、538段もの石段をいっきに駆けおりる。まるで火の滝が勢いよく夜の闇を流れ落ちるかのようだ。この日の朝、上り子たちは熊野灘で禊《みそぎ》をすませる。腰には荒縄を奇数回巻くのが習わしだ。松原右樹の『熊野の神々の風景』によれば、奇数で巻くのは死刑囚や死体であり、「結界を越えて出て行こうとする上り子の列は、野辺の送りを連想させ、黄泉の国にむかう葬列のよう」だという。

那智田楽については、その発祥はくわしくわかっていない。一説では、室町時代に京都の田楽法師、常正と法論が、田の虫取りを兼ねた五穀豊穣の祭りを伝えたといわれる。祭りは戦国時代以降たびたび途絶えたが、1921（大正10）年に復活した。

滝にたどり着いた扇神輿は、神職から祭りの核心である扇褒めの神事を受ける。かつては修験者によっておこなわれたが、いまは権宮司が八咫烏《やたがらす》帽をかぶってこの役目を担う。八咫烏は日本神話に登場し、神武東征の際に神武天皇を熊野国から大和国まで道案内した。導きの神として信仰の対象ともなっている。祭りはその後、滝本祭の神事をへて、田刈式と那瀑舞を奉納する。これがすむと、神輿一行は大社へと還御していく。

那智の火祭りがおわると、熊野路は夏本番を迎える。

京都を焦がす送り火

ゆく夏を惜しむように、京の夜空に五山の送り火が燃え立つ。古都をまるごと舞台とした壮大な炎の行事で、盆に里帰りした祖霊をふたたび冥界に送り届けるという意味がある。京都ではこの祖霊のことを、「お精霊《しょらい》さん」と呼んできた。

文字どおり5つの山で送り火を燃やすが、東山如意ケ嶽の「大文字《だいもんじ》」がもっともよく知られているため、一般には「大文字の送り火」と呼ばれる。ほかに松ケ崎西山・東山の「妙・法」、西賀茂船山の「船形」、金閣寺北山（大文字山）の「左大文字」、嵯峨仙翁寺山（万灯籠山・曼荼羅山）の「鳥居形」をあわせ、五山と呼び習わしてきた。毎年8月16日におこなわれる伝統の行事である。

夏の日も落ちた午後8時、まずは東の大文字が点火される。火は燃え広がり、やがて「大」の字が空低くに揺らめくようにして浮かびあがってくる。その炎が燃え盛るころ、ほかの山々でも時間をおいて、送り火がともされていく。京都市内の繁華街はあかりを落とし、人々は川沿いや御所などからそれぞれの送り火を遠望できる。三方を炎に囲まれた京の町はひととき、古都ならではの幽玄な気配に包まれる。

送り火そのものの起源は、たいまつの火を空に投げて霊を見送る風習から、山に火をともすようになったといわれる。このほか平安初期に弘法大師（空海）がはじめたとする説、あるいは室町中期に足利義政がはじめたとする説などがあるが、詳しいことはわからない。数多くの記録が残る京都の風物としてはめずらしい。ようやく文献に登場するのは、江戸時代がはじまるころからである。明治以前は、現在の文字のほかに「い」（市原野）、「一」（鳴滝）、「竹の先に鈴」（西山）、「蛇」（北嵯峨）、「長刀」（観音寺村）があって、十山でおこなわれていた。

言い伝えによれば、送り火を酒に映して飲むと、無病息災で1年を送ることができるされる。あるいは送り火の消し炭を家にもち帰り、半紙に包んで軒先に吊るすと、魔除けになるともいわれる。

五山の送り火の前日、京都・洛北では花背の松上げがおこなわれる。これもまた盆の送り火である。花背は京の奥座敷ともいわれる山里で、近くの大悲山は古くから知られた修験道の聖地だ。日が暮れたのち河原一帯で約1000本のたいまつに火がともされる。そのたいまつを、高さ20メートルの大傘にむかって投げあげる。運動会の玉入れのようなスタイルだ。やがてたいまつの火が大傘のなかにはいると、夜空に大たいまつが赤々と燃えあがる。たいまつの投げこみから30分ほどたつと、燃え盛った大傘が引き倒される。こうして松上げはおわりを迎える。

送り火が年中行事として暮らしのなかに定着したのは、仏教が浸透した室町時代以後のことだといわれる。各地でもよおされる大規模な送り火は大きくふたつにわけられ、山の送り火と海の送り火がある。精霊流しなども海の送り火にカテゴライズされる。

なお、盆の正式名称は盂蘭盆会《うらぼんえ》。これはサンスクリット語のウランバナ（ullambana）に由来する。語源はウドーランブ（ud-lamb）で、「逆さづり」を意味するという。最近は「霊魂」を意味するアヴェスター語（古代イランの言語）のウルヴァン（urvan）を語源とする説もある。

三河に伝わる火の技術

徳川家康は火薬の力をいち早く見抜いていた。戦国時代から鉄砲隊を編成し、同時に鉄砲鍛冶《かじ》の育成にも力を注いだ。こうした経緯もあって江戸幕府が成立したのちも、徳川発祥の地である三河地方にだけは、火薬の製造・貯蔵が許可されてきた。この三河ものの特権が、泰平の世にあって三河狼煙《のろし》を生み、やがて三河花火としてその名を知られるようになっていく。

豊橋祇園祭はその流れをくむものである。そのため本祭の神輿渡御とともに、前々夜の手筒《てづつ》花火、前夜の打ち上げ花火に注目が集まる。これもまた火の祭りといえるだろう。

祭りは豊橋市関屋町にある吉田神社の例祭として、代々この地に受け継がれてきた。そもそも東三河地方に伝わる手筒花火は、この吉田神社を起源とする。祭りそのものは鎌倉時代初頭にはじまったとされ、火をつかうことによって悪霊や邪気を祓った。これが鉄砲伝来以降に発達した花火と結びつき、江戸時代に手筒花火というかたちになったといわれる。当時は「三州吉田の花火祭」などと呼ばれ、東海道の名祭として名を馳せた。450年の伝統をもつという手筒花火、さらに大筒花火、乱玉花火が神社境内で披露されるほか、元祖仙賀流打ち上げ花火、スターマイン（速射連発花火）、仕掛け花火、川手筒など多彩な花火が、豊川河川敷で打ち上げられる。

なかでも手筒花火は、1メートルはどの竹筒に火薬をつめ、これを人が脇や腹にかかえて花火の打ち上げをおこなう。厳密には、打ち上げ式ではなく吹き上げ式と呼ばれる花火で、火柱は大きいもので10数メートルにもなる。火の粉が舞い落ちるなか、手筒をかかえて仁王立ちになった氏子衆の姿は勇壮で美しい。度胸と技が試される花火だ。これがおわると、大筒花火が点火される。形状は手筒と同じだが、大型であるため台に固定した状態で打ち上げられる。

花火の種類を仙賀流という言葉をつかったが、これは豊橋出身で近代花火の祖といわれる仙賀佐十がつくりあげたもので、その色鮮やかさが特徴的だ。明治になって塩化カリウムなどの発光剤が輸入されるようになり、花火の世界に一大変革が起きた。佐十はその先駆者である。1890（明治13）年には、帝国憲法発布記念花火として東京・不忍池でこれを打ち上げ、その豪華さ、美しさで三河花火の名を全国に知らしめた。ただし発光剤にはちょっとした衝撃で爆発するものもあり、花火師たちにとってそのあつかいはまさに命がけだった。佐十は記念花火から12年後、その犠牲となっている。

この祭りの打ち上げ花火は、専門の花火師が製造や打ち上げをおこなうのではない。花火の技術を学び、資格をとった地元の男衆が、竹の切りだしから火薬づめ、打ち上げにいたるまで、すべてを自分たちの手でおこなってきた。三河男児の意地と心意気を、そこにかいま見ることができる。

オロチョンの火祭り…北海道網走市、7月下旬
吉田の火祭り すすき祭り…山梨県富士吉田市、8月26日・27日
那智の火祭り…和歌山県那智勝浦町、7月14日
御燈祭…和歌山県新宮市、2月6日
五山送り火（大文字焼き）…京都府京都市、8月16日
花背の松上げ…京都府京都市、8月15日
豊橋祇園祭…愛知県豊橋市、7月の第3金曜日から日曜日

第2章　神輿、山を駆け水を渡る

都から広がった神輿文化

輿《こし》とは、大勢の人々によって担がれる乗り物をいう。輿には轅《ながえ》と呼ばれる2本以上の棒がつけられ、これらを肩に担ぐか、あるいは手で腰のあたりにかかえた。前者を輦輿《れんよ》、後者を手輿《たごし》という。神輿の原型となったのはいうまでもなく輦輿のほうで、宝形造と呼ばれる屋根のかたちが特徴的だ。宝形造というは屋根の中央に頂点があり、そこから4つの三角形の屋根がもうけられている。

歴史をたどれば、奈良時代には神輿の原形となるものはすでにあった。ただし、当時は天皇が御所を離れる際の乗り物としてつかわれていた。それが年月をへて、都から地方へと伝わり、しだいに祭りにもちいられるようになっていく。

村祭りで神輿が盛んに担がれるようになったのは、室町時代のことだとされる。農業生産が飛躍的に伸びた時代で、農村では惣《そう》などの自治組織がつくられ、寄合《よりあい》を開いて一体感を求めるようになった。神輿が担がれるようになったのも、こうした農業経済と深い関係がある。氏神を乗せ、氏子の暮らす土地をめぐって、恵みをもたらすという役割を、神輿が担うことになったのである。

さて、神輿が神社から離れて巡行する際には、一時的に神体を安置する場所が、神社の外にもうけられる。これを御旅所《おたびしょ》、あるいは仮宮《かりみや》と呼んだりする。いわば臨時の分社という位置づけである。ふだんは神社の奥に鎮まっている存在が、年に1度、人々のもとに泊りがけで旅をしてくるのである。開放的な気分になって願いを聞いてくれるかもしれない。そうした親しみの感情がこめられた場所でもある。とはいえ、御旅所というのはもとをただせば、海や山からやってくる神霊が示現した神聖な場所だった。いまではたんに神輿の休憩所のようにとらえられている場合が多いが、じつはここが祭りの発生地ともいえる。

日本人の暮らしから儀式性が失われ、習俗やしきたりの意味が不明になってしまった例は多い。脱聖化（世俗化）が進んでいくとともに、祭りもまた形骸化しイベント化していった。宗教的な生活としては先祖祭祀と現世祈願のみが残り、神仏への関心や崇敬は薄れている。都市化が地縁や血縁という領域性を打ち破っていったということもできるだろう。それは神輿のありようにもあらわれている。

神輿は神霊を乗せて巡行するため、そもそもはていねいにあつかい、静かに集落を回るのが習わしだった。神社によっては、かつて担ぎ手は紙をくわえていたともいう。息がかかってはは申しわけないという心づかいである。

これほどまでに気を配っていた神輿の巡行が、江戸時代になると多様な様式をもつようになってくる。神輿を激しく揺さぶることで、神霊の覚醒や再生をうながすことを魂振《たまいぶ》りというが、ほかにも神輿を壊したり、海や川のなかにはいったりと、かなり過激なスタイルが生まれてきた。この章では、たんに町や集落を回るだけではなく、転がされたり水をかけられたりして、手荒くあつかわれる神輿をとおして、祭りの多様な形態やその意味を探っていく。

木曽の荒ぶる神輿

木曽は山が深い。その山あいを中山道がとおり、いまも宿場の風情をたたえる町々が残っている。この地を舞台に開かれる一風変わった祭りがある。木曽町福島地区にある水無《みなし》神社の例大祭「みこしまくり」がそれだ。「まくり」というのは、この地方の方言で「転がし」を意味する。文字どおり神輿を縦や横に転がして、バラバラになるまで壊してから神社に奉納する。この荒々しさが祭りを特徴づけている。

駒ヶ岳をはさんで木曽町のちょうど反対側（東麓）にある宮田《みやだ》村の宮田祇園祭でも、神輿を破壊する伝統がある。「あばれ神輿」とも呼ばれ、酒を飲んで神輿を担ぎ、酔いが回ってくると神輿は蛇行し、群衆のなかに突っこむこともある。最後に津島神社に戻ってくると、神輿は石段のうえから何度も突き落とされ、原形をとどめないほどバラバラにされる。神輿の破片にも力が宿るとされ、これを拾って家にもち帰り、屋根に祀ると厄除けになるという。神輿は祭りのたびに壊されるため、毎年山から赤松を伐りだし、１カ月ほどかけて百貫（約４００キロ）にもなる白木の神輿を新しくつくる。

古来より、林業にたずさわる人々を杣人《そまびと》と呼んできた。杣とは古代や中世において、権力者の所有する山林をさした言葉で、そこで働く人々を杣ということもあった。彼らが高木を伐《き》るときには、天狗に断りをいれるという言い伝えがある。これを怠れば災いが起きるとされた。ひときわ高く育った木を天狗のとまり木と呼んだりするが、山の不可解さや木への尊敬をうかがわせる言葉だ。木曽町の祭りには、この天狗が登場する。

祭りは、水無神社から神霊を神輿に移すことではじまる。神輿は、天狗の装いで薙刀《なぎなた》を手にしたサルタヒコの神に先導されながら町内を練り歩く。『日本書紀』には「鼻長七咫《あた》背長七尺余」とサルタヒコを記述している。1・2メートルの鼻をもち、身長は2・1メートルということで、その大きさを誇示しているわけだが、その正体は判然としない。神輿の前後には宗助（惣助）と幸助のふたりの精進がついて歩くのだが、この精進というのは、おこないをつつしんで修行をつみ、けがれを落とした者をさす。祭囃子のなかを行列が進み、その途中で精進や枠持ち（神輿の担ぎ手）に赤ちゃんを抱いてもらい、神輿のしたをくぐらせたりする。これを「心願」と呼んでいる。その後、神輿は御旅所に到着し、そこでひと晩をすごす。

翌日にはふたたび神輿が町内を巡行し、そのあと「みこしまくり」が繰り広げられる。夕方に、まず横まくりがおこなわれる。夜になると「宗助、幸助」の掛け声のなか、神輿は縦や横に勢いよく転がされる。日づけが替わってもそれはつづき、深夜にほとんど担ぎ棒だけになった神輿を神社に奉納し、祭りはおわりを告げる。

祭りの起源をたどると、先に登場した宗助と幸助の物語にいきつく。言い伝えによれば、宗助と幸助は兄弟で、平安初期に飛騨国（現在の岐阜県高山市）の水無《みなし》神社まで山林仕事や匠仕事のためにでかけていた。あるとき一揆が起きて、神社が火事になった。ふたりは神体を守るため、神輿に乗せて木曽へと運びだすことにした。

山や谷を越えて、飛騨と信濃の境にある長峰峠まできたとき、追っ手の村人たちとのあいだで神輿の奪いあいになった。その際に神輿が肩から落ちて地面に叩きつけられた。それでもふたりはたがいの名を叫んで励ましあい、神輿を転がしながらなんとか木曽まで運ぶことができたのだという。

奉納された神輿は例大祭のあと、大晦日から元旦にかけて神社境内で燃やされることになる。

夏の海と茅ヶ崎甚句

茅ケ崎海岸浜降祭《はまおりさい》は相模国の古社、寒川神社の神幸祭である。夜明けとともに、茅ヶ崎市と寒川町の各神社から神輿約40基が南湖海岸（サザンビーチ西側）に集まり、禊（みそぎ）神事がいとなまれる。ここは寒川大神が降臨したとされる海岸だ。

「ドッコイ、ソーレ」という相州神輿独特の勇ましい掛け声がかかるなか、多くの神輿と法被姿の男女で海岸が埋めつくされる。やがて神輿の担ぎ手が押しあいへしあいしながら朝の海にはいっていき、祭りはいっきに最高潮に達する。

夏祭りの禊は、神輿の川渡御や海渡御、あるいは神輿に水をかけるというかたちをとることが多い。これは清めの水によって禊をおこなうという古くからの信仰からきている。浜降祭もそのひとつである。京都の祇園祭で、鴨川の水で神輿を清める神輿洗いに、その源流を見ることができる。

１９９０年ころまでは、神輿を海に叩きこむという荒々しい浜の祭りだった。しかし、近年は神輿を担いだまま海につかる穏やかなものに変わってきた。そのぶん、法被《はっぴ》や半纏《はんてん》をまとった女性の担ぎ手も増えている。起源は諸説あるが、心身のけがれを清める禊神事に由来するのはまちがいない。そのひとつにこんな話がある。

古くから大磯では、旧暦5月に総社の祭りとして国府祭《こうのまち》が開かれてきた。一ノ宮から五ノ宮までの神輿が集まり、神事をおこなう。江戸後期の１８３８（天保9）年のこと、一ノ宮の寒川神社の神輿が渡御し、その帰り道のことだった。相模川の渡し場で、寒川神社の氏子と四ノ宮の前鳥神社の氏子とが喧嘩を起こした。その際、寒川神社の御輿が川に落ちたまま行方知れずになってまった。数日をへて、南湖の網元だった鈴木孫七が漁の最中にこれをみつけ、寒川神社に届けたという。争いごとは奉行所で裁かれ、四ノ宮の氏子16人に打ち首の裁許（判決）がくだされた。しかし、奉行所の温情からか、刑執行の日になって、丁髷《ちょんまげ》を斬《き》り落として打ち首に代えたとされる。

この出来事を契機に祭りがはじまったともいうが、文献にはもっと古くから浜辺の禊神事があったとの記述もある。いずれにせよ祭りは定着し、旧暦6月29日に禊神事をおこなうようになった。１８７６（明治9）年に浜降祭とその名称を定めたが、当時は神輿2基ほどだったという。明治後期には一時中断されたが再興。やがて昭和の高度成長期を迎え、神輿の数がいっきに増えた。

早朝からはじまる神事のため、「暁の祭典」として紹介されたりもする。神輿が各神社を出立するころはまだ夜明けまえで、宮出しは暗闇のなか幻想的な雰囲気だ。神輿を担ぐときには、若衆の活きのよさを示す茅ヶ崎甚句が歌われることもある。

私しゃ茅ヶ崎荒波育ち
波も荒けりゃ気も荒い

と、むかしながらの甚句が披露されることもあれば、茅ヶ崎独特の節回しに、世相などを折りこんだ即興甚句が歌われることもある。かつては酒席などでもしばしば聞かれたというが、いまでは祭りのとき以外にはほとんど聞かれなくなっている。

関東では、千葉県館山市も祭りが盛んな土地だ。房総半島の先端にある同市布良（めら）は明治後期に東京美術学校を卒業したばかりの青木繁が、仲間たちとともに滞在した土地だ。代表作『海の幸』は、銛《もり》を担いで海辺を歩く漁師たちを描いた作品だが、地元では祭りで神輿を担ぐ姿がモデルだとする声も聞かれる。大きくてかなりの重量がある神輿にもかかわらず、祭りでは男たちによって激しく揺さぶられ、あばれ神輿の異名もついている。布良崎神社の例祭で、深夜までつづく熱っぽい夏祭りである。

海洋信仰と通過儀礼

場所を九州に移そう。宮崎の市街地から10数キロ南に位置する青島は、周囲を「鬼の洗濯板」といわれる奇岩に囲まれた小さな島だ。青島神社はこの島全体を境内地とし、江戸時代半ばまでは禁足地とされてきた。島そのものが霊地というわけである。

海を渡る祭礼はこの青島神社に古くから伝わる祭りで、豊漁や無病息災を願っておこなわれてきた。青島神社に祀られる神々を神輿に乗せ、町を巡り、島の対岸にある折生迫《おりうざこ》漁港の御旅所に1泊したのち、還御する。

祭りをとり仕切るのは、氏子のなかで22歳と23歳になる若者たちである。彼らは祭りの行事を無事におえることで、おとなとして認められる。いわば共同体の正式な一員となるためのイニシエーション（通過儀礼）である。若者の力試しや度胸試しをおこなう祭りが全国各地に残っているが、それらもおとなになるための通過儀礼の役割をはたしていることが多い。

若者たちは「祭」の字を赤く染め抜いた白の法被を身にまとい、神輿を担いで青島の町を練り歩く。その途中、「浜下り唄」にあわせ、神輿を激しくふりながら回転させる。地元では「暴れ」と呼ばれているもので、海のうねりや大波を表現しているとされる。

海辺の祭りでは、山車《だし》を凄まじい勢いで引き回したり、神輿を激しく揺すったりする行事が多く見られる。その背景には、神々は海のむこうからやってくるという考え方がある。その恵みを、町の隅々にまでいき渡らせようというのだ。波が町を洗うようにして、神輿や山車が荒々しく巡行するのである。青島の祭りもこれと同じ意味をもつ。

祭りの暴力は、自然あるいは超自然の圧倒的な力をあらわしている。祭りは、それに対する恐れを根底にかかえているものだ。ひと口に恐れといっても、ここにはふたつの異なる意味がある。ひとつは、ふだん私たちがつかう意味での恐怖である。日常にうずもれて、新たな挑戦や闘争に二の足を踏む怠惰な心を戒め、その恐怖心に一撃をあたえるという意味だ。もうひとつは畏怖であり、自分より大きな存在を尊ぶことである。逆説的な言い方をすれば、自身の矮小さを知り、肥大した自己を戒め、謙虚であることをうながしている。いっぽうで恐れるなといい、もういっぽうで畏れよという。その両義性こそが祭りなのだろう。私たちは祭りによって、日常的な有用の世界から切り離され、知的な理解を超えた世界にふれることになる。

さて、神輿は御旅所で1泊した翌日、ふたたび若者たちに担がれて海岸にむかう。そのあと、白浜海水浴場から海にはいって、海上で御座船に移される。神輿を乗せた御座船は、大漁旗をはためかせた漁船団に囲まれながら、青島の海を進んでいく。この海上渡御がはじまったのは1948（昭和23）年のことで、氏子の漁民たちから声があがった。宮崎県ではゆいいつの海上渡御である。この時期に、浜下り唄もつくられた。

そもそも日向国は、古事記や日本書紀の主要な舞台になった土地だ。神話の宝庫であり、この青島神社も山幸海幸の神話をもとにした海洋信仰から創祀されたといわれる。物語では、ヤマサチヒコが海神宮《わたつみのみや》から戻った際、青島に上陸して宮をいとなんだとされる。その宮跡にヤマサチヒコをはじめとした三神を祀ったことが、青島神社のはじまりだ。祭りでおこなわれる海上渡御は、海に縁の深いこの三祭神をなぐさめることを目的としている。神輿を船に乗せて海神宮まで運ぶのはそのためで、海上渡御ののち青島神社に還御する。

荒ぶる祭りということでは、同じく宮崎市の佐土原《さどわら》夏祭りで繰り広げられるダンジリ喧嘩が凄まじい。青団と赤団にわかれた若者たちが、重さ約1トンのだんじりを担ぎ、激しくぶつけあう。だんじりのうえでは男衆が大きなうちわを振りながら掛け声をかけ、傾いただんじりのなかではなお、太鼓の音が響く。だんじりがひっくり返るか、担ぎ棒が折れるか、あるいは太鼓の音が途絶えれば勝敗が決する。明治半ばに関西からもちこまれたともいわれる祭りだ。若者にとってはここでも、だんじり喧嘩はおとなへの通過儀礼の意味をもっている。

水による神輿の清め

住吉一帯は、大阪のなかでももっとも古い歴史をもつ。「すみよっさん」の名で親しまれてきた住吉大社も、その歴史は1800年にのぼるとされる。

住吉祭はこの神社の夏祭りで、7月の海の日に神輿洗神事、30日に宵宮祭、31日に夏越祓《なごしのはらい》神事・例大祭、8月1日に神輿渡御がおこなわれる。一連の神事のなかで、とくに例大祭を中心とした前後の祭りのみを、住吉祭と呼ぶことも多い。神輿を担いで練り歩くことで、大阪の街を祓い清めるという祭りで、「おはらい」ともいわれる。古くは、六月の「御解除《みはらえ》」、あるいは「南祭」などと呼ばれた。
神輿洗神事から順に記していこう。これは、神霊を乗せるための神輿を、事前に清めておくという儀式である。1週間ほど先におこなわれる神輿渡御に先立ち、神輿は住吉大社から向かいの住吉公園まで巡行し、海水で清められる。この海水は、汐汲舟《しおくみぶね》と呼ばれる舟によって、大阪湾で汲まれた神聖なものだ。

日をおいておこなわれる宵宮祭では、夕刻になると2000を超える提灯に灯がともされ、多くの夜店が立つ。とっぷりと日が暮れたのち、修祓《しゅばつ》などで神を迎えるまえに神職が祓いをすませる。そのあと白い幕が用意され、それで目隠しをして神霊を神輿に移す。いわゆる遷霊祭である。

一夜明けると、夏越祓神事・例大祭となる。ここでは夏越女と稚児たちが、3つの茅の輪をくぐりぬける。古式ゆかしい衣装で美しく着飾った姿が見どころだ。神社では旧暦6月と12月に大祓《おおはらえ》と呼ばれる例大祭をおこなうのが常だったが、茅の輪が登場するのは夏の祭りのみである。

住吉祭では「住吉の夏越の祓いする人は 千歳のよはひ のぶといふなり」という言葉を口にしながら、茅《ち》の輪をくぐる。長寿祈願を詠った和歌のようなものである。そのあと五月殿の大祓式をおえると、参詣者にも茅の輪くぐりが許される。その際、茅《ちがや》を1本手にとり、3度茅の輪をくぐってから、本宮に参拝する。

この儀式は、古い伝説に由来する。スサノオが旅の宿を求めた際、蘇民将来《そみんしょうらい》が貧しいながらも手厚くもてなした。その恩に報いるため、病が流行れば茅で輪をつくり、腰につけて難を逃れよ、とスサノオがいい残したという。

その言葉どおり、かつては茅の輪を腰にさげていたようだ。江戸初期になってこれが大きな輪になり、そこをくぐることで無病息災を願うようになったとされる。

翌日は、月が替わって神輿渡御となる。神霊を乗せた神輿が1000人ほどの行列を仕立て、大和川を渡り、堺市の宿院頓宮まで渡御する。担ぎ手たちは「べーラッ」と独特の掛け声をかけながら、神輿を練り回す。2005（平成17）年には45年ぶりに、神輿を担いで川のなかを練っていくスタイルが復活した。

やがて宿院頓宮《しゅくいんとんぐう》に着くと、境内西側の飯匙堀《いいがいぼり》で神輿振りをおこなったのち、荒和大祓《あらにごのおおはらえ》神事になる。古儀にのっとり茅の輪をくぐると、人形にけがれを託して海に流す。人形代《ひとかたしろ》をつかった神事は、陰陽道にもちいられた呪詛が起源と考えられる。これは古代中国の自然哲学思想が日本に伝わり、独自の発展をとげたものである。

関東神輿の「水掛け」

上方に比べ、関東の祭りは威勢のよさを特色とするものが多い。深川祭は富岡八幡宮（東京都江東区）の大例祭で、毎年8月15日を中心におこなわれる。神田明神の神田祭、赤坂日枝神社の山王祭とならんで江戸三大祭りのひとつとされ、江戸の粋をいまに伝えている。

この祭りの特徴は、神輿の大きさとその数の多さにある。屋形のうえに金銅の鳳凰を飾った八幡宮の鳳輦《ほうれん》が渡御をおこなうのだが、これは3年に1度で、本祭りと呼んでいる。ここでは大小あわせて１２０数基の町神輿が担がれる。なかでも大神輿ばかり54基が連合渡御する様は、他に類を見ない迫力がある。

東京を中心に関東では、多くの祭りで神輿が町を巡行する。とりわけ深川祭では、神社のみならず氏子各町が豪華な神輿を所有している。江戸町人の豊かさがあったればこそといえるだろう。しかし本来、神輿は神社からだされるもので、町では山車をだした。深川でも江戸期は山車が中心だったが、明治以降は町内に電線が張り巡らされたため、山車の運行が困難になっていった。このため神社から町神輿に分祀がなされ、町神輿の数が増えていった。都市部の神輿事情は、やがて近隣地域にも広がっていく。深川祭で神社と町の連合渡御がはじまったのは、明治40年代からだといわれる。町神輿のなかでは深濱神輿が最大で、台座幅三尺五寸（約１０６センチ）、重さ1トンと推計される。

連合渡御は一番神輿が朝7時半に八幡宮まえを出発し、氏子各町を巡行。最後の神輿が戻ってくるのは午後4時ごろになる。神輿のならぶ順番を示すのが駒番で、各神輿の頂部にはこれを記した駒札がつけられる。四番と四十二番は欠番で、最後は五十六番となる。

「ワッショイ、ワッシヨイ」の掛け声とともに神輿は進み、沿道の観衆が担ぎ手たちに清めの水を浴びせる。その様子から「水掛け祭」という別称もついた。担ぎ手と観衆はこの水掛けによって一体感を増し、祭りは勢いをえる。江戸後期の１８０７（文化４）年には永代橋に人が押し寄せすぎて、橋が崩落。死者不明者約1000人という大事故が発生したこともあった。

神輿を先導するのは手古舞の女性たちである。手古舞とは、祭礼のときに芸者たちが男装で神輿の先をいくことをさす。背には花笠、右手に鉄棒、左手に手持ち提灯をさげ、木遣《や》りを歌いながら進んでいく。木遣り歌は力をあわせるための労働歌の一種である。もとは氏子の娘たちがこの役を務めたが、のちに深川芸者が扮するようになった。

そもそも江戸の芸者は、深川にルーツがあるとされる。江戸前期の1657（明暦3）年に起きた大火がそのきっかけとなった。火事で焼けだされ、町人はもとより武家屋敷や寺社までもが深川に移ってきた。人が集まれば盛り場が生まれる。この地ではとくに三味線奏者が重宝された。これに応じるように、踊りや唄いを得意とする芸者たちが育っていった。江戸後期には深川が江戸の南東方向（辰巳）に位置していることから辰巳芸者と呼ばれ、粋で人情に厚く、さばさばした芸者衆として一目おかれたという。

祭りの起源もまた江戸前期にある。1642（寛永19）年に三代将軍徳川家光の長男家綱の世継ぎを祝賀して、幕府がおこなった行事がそれである。元禄期には豪商の紀伊國屋文左衛門が総金張りの宮神輿3基を奉納したともいう。それらは関東大震災で焼失。1991（平成3）年になって、あらたに一の宮鳳輦が奉納された。重さ4・5トンの巨大神輿ゆえに、奉納のときに一度担がれて以降、展示用となっている。

水を浴びる神輿としては、埼玉県熊谷市の葛《くず》和田大杉神社あばれみこしも忘れがたい。葛和田地区はかつて、利根川水運の河岸としてにぎわった土地で、この祭りも川に生きた人々の息づかいを残す伝統行事だ。渡御の際に、神輿は水をかけられ、激しく揺さぶられる。神輿の屋根ではときに男衆が肩を組み、頭をつきあわせて力比べをする。終了の合図のあとも、なかなかおわらないほど熱がはいる。やがて神輿は利根川にはいり、そこでも神輿の屋根に男衆がひしめきあい、もみあう。あばれ川とともに暮らしてきた血の熱さを、いまに伝える荒々しい祭りだ。水難守護の神として信仰される大杉神社で、夏祭りの一環としておこなわれている。

日本各地の神輿は戦争で多くが焼失したが、１９５０年代から６０年ごろに再興され、神輿ブームが起きた。20世紀後半には、急激な都市化の反動として、祭りを再評価する声が聞かれるようになった。郊外住宅地などで、いったん廃れた神輿巡行が復活した例もある。共同体崩壊への危機感が、暮らしの再聖化としてあらわれたかたちだ。民俗的な宗教性が機能的で分化された社会にもはいりこみ、根を張っていると見るべきだろう。

水無神社祭礼　みこしまくり…長野県木曽町、7月22日・23日
宮田祇園祭…長野県宮田村、7月第3土曜日
茅ヶ崎海岸浜降祭…神奈川県茅ケ崎市、7月第3月曜日「海の日」
布良の祭り…千葉県館山市布良、7月20日すぎの土曜日

海を渡る祭礼…宮崎県宮崎市青島、7月最終土曜・日曜日
佐土原夏祭り…宮崎県宮崎市佐土原町、7月24日に近い土曜・日曜日
住吉祭…大阪府大阪市住吉区、宵宮祭7月30日、夏越祓神事と例大祭31日
深川八幡祭り（富岡八幡宮例祭）…東京都江東区、8月15日
葛和田大杉神社あばれみこし…埼玉県熊谷市、7月27日に近い日曜日

第3章　巨大な山車が町を練る

神を迎える豪華な飾り

山車とかいて「だし」と読む。祭りの際に、人が綱を引きながら集落をめぐる台車をさす。なぜこれを「だし」と呼ぶようになったのか。もとをたどれば「出し」を語源としている。台車のうえにもうけた鉾《ほこ》に飾りつけをしたとき、「はみだし」たかたちになったことからこの名がついたと考えられている。

飾りつけをした鉾は、依り代である御幣や神籬《ひもろぎ》の変形といえる。そのため、神輿と同じように、山車にも神霊が宿る場合がある。いっぽうで、山車は人が乗って囃子を奏でたり踊ったりするためのもので、町や村をめぐる神霊の先導やお供と位置づけていることも多い。

日本はもとよりアジアには、多様な山車を見ることができる。神々の乗り物として祭りに登場するほか、死者をあの世に送る葬儀山車などもある。タイの元国王の葬儀に際しては、巨大なガルーダ（神）とナーガ（蛇神）を飾りつけた木製の葬儀山車がもちいられた。聖なる獣たちがこの世と異界を結ぶと考えられているのである。ミャンマーやインドネシアのバリ島でも祭礼にこうした山車が登場し、いずれもその装飾性には目をみはるものがある。

日本には数千もの山車があるといわれ、人形を配置したり彫刻したりするなどして、やはり豪華な装飾がほどこされる。訪問者である神霊をもてなすためのものだ。地域によってその呼称や形式は異なり、曳山、山笠、地車、檀尻などと呼ばれている。

それにしても、祭りになぜ「山」が登場するのか。そこには日本人の山にたいする思いが深くかかわっている。その思いは信仰に結びつき、古くから山を神体としてあがめてきた。こうした思想を発展させ、祭りの際に降臨した神霊の依り代として、山を模して造りものが用意された。古くは築山（盛り土）をもうけて祈願していたが、しだいに祭壇を築山と見なすようになっていった。古代の大嘗祭につくられた標山《しめやま》を起源とする説があるが、はっきりした原型があきらかになっているわけではない。

先祖祭祀を例にしていえば、築山と祭壇は墓と仏壇の関係にも似ている。神仏には本来の居場所があるのだが、同時に人々の生活圏のなかにもその拠点を用意しているのである。日本で古くにおこなわれていた両墓制にも、同じような思考がある。これは、埋め墓と参り墓をわける風習だ。死者を埋葬する葬地は人里離れた山や谷にあり、ふだん墓参する祭地は居住地の近くにつくる。こうした二重性は、本音と建前という日本人の特性、あるいは神々の恩寵と暴力などにも関係しているかもしれない。

柳田国男は『先祖の話』のなかで、先祖が子孫後裔の繁栄を願い、死後もこれを守護していくという考え方は、家督制度にあらわれているという。つまり、守護神として先祖を祀るという習俗は、家督や財産という物的基盤のうえに成り立っているわけである。柳田のいう家を共同体におきかえれば、山車の豪華さや華麗さも理解しやすくなるだろう。要は、それぞれの都市や集落の物質的な存続を祈願し、それをかたちとして表現しているのである。

現在、「山」本来の意味を残す祭りとしては、栃木県那須烏山市の山あげ行事がある。一般には山あげ祭と呼ばれているものだ。かつては土を盛った築山をつくって奉納していたが、これが紙のつくり物へと変化していった。

那須烏山の巨大な「山」

山あげ祭の起源は江戸時代中期、町中に恵みがもたらされるようにと、「築山」をつくったのがはじまりである。築山は程村紙と呼ばれる厚手の特産高級和紙でつくられ、いつしか山の大きさが競われるようになり、巨大化していくことになった。山に「滝」を描くのは、そこを流れる水によって全町を潤すという意味がある。烏山の山あげ行事は、なによりもこの山を立てることにある。

祭りは1カ月におよぶ八雲神社の例大祭だが、7月の第4日曜日をふくむ金曜日から3日間の奉納行事を本祭りとしている。これに木曜日の宵祭りを加え、山あげ祭という。

祭りの特徴として、ほかではあまり見られることのない移動式の野外劇があげられる。竹と和紙でつくられた「山」をふくむ舞台装置一式が、手づくりで構築される。この舞台で所作狂言（歌舞伎）や神楽などの余興がおこなわれ、これを奉納する。おわれば素早く解体され、移動を繰り返す。山は前山、中山、大山の3枚からなり、舞台をあわせて約100メートルという長大なものだ。この屋台が路上に配置され、公演回数は1日最大6回、祭りの期間中では計最大16回にもおよぶ。

金曜日の神幸祭では、早朝から八雲神社で神事がおこなわれ、神霊を乗せた神輿が当番町を巡行する。旧烏山町の中心部にある御仮殿《おかりや》に到着すると、芸題（上演される歌舞伎）を神霊に奉納する。これを「天王建」と呼ぶ。この公演のみが神事で、以降の公演は余興となる。余興では、町内の各所に山をあげ、所作狂言（歌舞伎）や神楽などの余興公演をおこなう。また、ほかの町で余興を奉納することもあり、これを「訪問」と呼んでいる。

土曜日には渡御祭がおこなわれ、にぎやかな囃子の音とともに山あげ用の屋台が各町を巡回する。町の境では、訪問先の世話人衆が整列してこれを出迎える。市中で屋台がいきあうことがあれば、かならず「ブンヌキ」と呼ばれる囃子の競演がおこなわれる。もろ肌を脱いだ若衆たちが囃子の刻む早いリズムにあわせて大声をだし、からだを押しつけあいながら祭りを盛り立てる。

日曜日は還幸祭として、夕刻に御仮殿で神事をおこなったのち、神霊を乗せた神輿がいったん八雲神社の鳥居まで戻っていく。これに子ども神輿、神主、八雲講、屋台がつづく。神輿は鳥居のまえで飾りを外されて「あばれ神輿」となり、各町を巡る。夜にふたたび還御がはじまり、鳥居まえで神輿がもみあい、いったんは御仮殿などに戻る。これをいくたびか繰り返す。このときは各町の神輿がそろうため、ブンヌキは激しさを増して祭りは最高潮に達する。ようやく深夜になって神輿が鳥居をくぐると、太鼓が打ち鳴らされて神霊は本殿に帰っていくことになる。

そもそもは1560（永禄3）年に鳥山城主の那須資胤が、旧酒主村に牛頭《ごず》天王を祀り、疫病退散を祈願したのがはじまりとされる。当時は相撲や獅子舞を披露してこれらを奉納した。元禄年間（1688－1703）には所作狂言の上演もはじまった。藩財政の困窮などでその後いったんは廃れたが、江戸時代末期に再興されたという。現在は元田町、金井町、仲町、泉町、鍛治町、日野町の6町も ち回りで祭りの運営がおこなわれている。祭りを維持・運営しているのは、地域の自治会をはじめ、八雲講、中老、世話人衆、若衆たちだ。こうした仕組みそのものまでを、文化財として大切に守りつづけてきたところにも、この祭りの伝統を重んじる姿勢があらわれている。

博多っ子の魂、山笠

博多の夏は、山笠ではじまる。正式には櫛田神社祇園例大祭といい、福岡市博多区のなかでもおもに博多部、すなわち那珂川と御笠川（石堂川）のあいだでおこなわれる祭りだ。地元の人は祭りそのものを「山笠」「ヤマ」などと呼んだりするが、本来は神輿や山車などの祭具をさす。

伝承によれば、鎌倉時代に博多で疫病が流行った際、承天寺を開山した一国師（円爾）が木製の施餓鬼棚に乗り、浄水を撒きながら町を回ったのがはじまりとされる。やがて氏子たちによる付け祭りが独自に発展していった。その過程で山笠と呼ばれる山車が登場してくる。つまり、この祭りは櫛田神社の氏子たちによる奉納行事のひとつであり、伝統的な町内行事である。

祭りは7月1日から15日までおこなわれる。ざっと流れをたどると、1日は区域ごとに注連縄《しめなわ》を張って清めをおこない、当番町が箱崎浜まで汐井とりにいく。4日は舁《か》き山の棒締めと試し舁き。9日の汐井とりでは、男たちが砂浜をめざして走り、砂をとると箱崎神宮で祓いをして、櫛田神社に戻ってくる。いよいよ山笠が動きだし、10日は流《ながれ》舁き、11日早朝に朝山、夕刻に他流舁きがおこなわれる。12日には追い山の全コースを試走する追い山馴らし、13日は福岡部で集団山見せ、14日に最後の流舁きとなる。

流《ながれ》という言葉がでたが、これは近世以降、祭りを支えてきた町組織をさす。安土桃山時代に太閤町割によって生まれたものだ。豊臣秀吉の九州征伐で博多が焼きつくされたあと、復興のために秀吉が町をグループ化したのである。その区画を流と呼び、これが七流しちながれ）と呼ばれる千代流・恵比須流・土居流・大黒流・東流・中洲流・西流に受け継がれている。

最終日の15日は朝午前4時59分に、太鼓の音が響いて一番山笠の櫛田入りがある。境内をでると洲崎町の回り止めまで、約4キロの道のりを各流の山笠が疾走する。これがおわると山笠は各当番町に帰り、すぐに解体される。櫛田神社では最後の山笠が櫛田入りし、能が奉納されて祭りはおわる。

博多では山笠の担ぎ手を「舁《か》き手」、担ぐことを「舁く」という。たんに肩に乗せるのではなく、背中からしっかりと担ぐという意味をこめた言葉だ。祭りが最高潮に達する追い山笠では、しめこみ姿の男たちが山笠を舁き、抜きつ抜かれつのレースを繰り広げ、速さを競いあう。

祭りを特徴づけているのは2種類の山笠だ。追い山に登場する勇壮な「舁き山」と、高さ10メートルを超える絢爛豪華な「飾り山」である。まさに動と静だ。現在は舁き山をもつ七流とは別に、14基の飾り山が建てられている。舁き山や飾り山には、熟練の人形師によって細部までつくりこまれた人形が飾られる。

山笠の期間中は、行事の参加者に対してさまざまな縛りが課せられる。舁き手には締めこみの様式から、装備品にいたるまで規定がある。行事に携わる者はキュウリを食べてはいけない。キュウリの切り口が櫛田神社の神紋と似ているというのがその理由である。いわゆる木瓜紋のひとつである。別の説では、旬の野菜であるキュウリを断ってまで祭りにかけるという意気ごみをあらわしているともいう。加えて、期間中の性交禁止というとりきめもある。

博多祇園山笠は女人禁制の祭りで、旧来の流では子ども山笠もふくめ、舁き手は男性にかぎられた。女性は舁き手の詰め所にすらはいれず、かつてはそれを示す立て札もあった。

夜に変身する大山笠

北部九州を中心とした山笠は、地域によってその様式が異なる。戸畑祇園大山笠は、「提灯山」の愛称で親しまれてきた。飛幡八幡宮、菅原神社、中原八幡宮による3社の夏祭りとして受け継がれ、200年以上の歴史をもつ。

山笠行事は7月下旬だが、準備は6月からはじまる。宿開き、道具調べ、獅子舞（大祓い）行事、山笠の土台を締める葛《かずら》とり、山笠組み立て、ならし舁《が》きといった行事をすませ、祭礼の日を迎える。山笠の組み立てにはいっさい釘をつかわず、葛の根によって土台を締め固めていくのが習わしだ。これを文字練りという。祭りがはじまると、神移し、大下り、海水で山笠を清める汐井汲みをおこない、そのあと山笠の巡行、大上り、神納めの順で行事が進められる。女人禁制の祭りで、各地区の神社にもうけた拠点（宿）は男性だけで運営される。

大山笠神事の最大の特徴は、昼と夜でその姿を変える山笠にある。

昼は山笠本来の姿とされる「幟《のぼり》山笠」で、金糸銀糸の刺繍がほどこされた格調高い姿だ。4基の大山笠には、それぞれ紅白6本ずつ計12本の大幟を立てる。この幟山笠を、法被姿の勇壮な男衆約80人が担いで、町を巡行する。巡行には、それぞれ小若山笠がしたがう。

この大山笠は夜になると、「提灯山笠」に姿を変える。昼間の飾り物はすべてとり払われ、そのあと台座にやぐらを組み、309個の提灯を12段のピラミッド型に飾りつける。その大きさは高さ10メートル、重さ2・5トンにもおよび、この形態の提灯山笠としては国内最大規模である。これらが祇園囃子にあわせて、「ヨイトサ、ヨイトサ」の掛け声とともに、勇ましく町を練り歩く。その姿はまさに「光のピラミッド」が動いているかのようだ。囃子はむかしから笛、鉦、太鼓、銅拍子（あわせ鉦）によるもので、それぞれ大山笠ごとに微妙に異なる演奏がなされる。

昼と夜で姿を変えるというのは、趣向を変えて神霊を迎えるということだろう。しかし、見方を変えれば、そこには2つの世界が反映されているとも考えられる。

たとえばその2つを人間の世界と神の世界と考えれば、ここに贈与と交換の意味を読みとることができる。昼の大山笠が神霊を迎えるための祭具とすれば、夜の大山笠は神霊が神の国からやってきたときの乗り物という解釈も可能だろう。それらを披露することで人から神への供物、神から人への贈り物がなされる。祭りとは本来、異なる世界のあいだで贈与をしあう場であり、ここに祭りに隠された本来の意味がある。神輿や山車、あるいは踊りや囃子などはそのための道具といえる。祭具や仕掛けが大きくなれば華やかさを増すが、その陰に隠れて本来の意味がしだいにかすんでいくという面もあるだろう。

この祭りに登場する山笠の数は全部で8基。うちわけは大山笠が東（飛幡八幡宮）、西（恵美須神社）、中原（中原八幡宮）、天籟寺（菅原神社）の4基、さらに中学生が担ぐ小若山笠が4基ある。衣装は向こう鉢巻きに白い法被姿で、背には各山笠の頭の1文字（東・西・中・天）が赤く染め抜かれている。

起源は、江戸時代後期にさかのぼる。戸畑村に疫病が流行り、須賀大神（スサノオ）に疫病封じを祈願したところ平癒した。これを祝って、1803（享和3）年に山笠をつくって、奉納したのがはじまりとされる。

めずらしい太鼓の両面打ちがおこなわれる小倉祇園太鼓、けんか山笠の異名もある黒崎祇園山笠とともに、北九州三大祇園祭りにあげられる。

優美な髭籠に神が宿る

紀の川市は和歌山県北部に位置し、紀の川が市の真ん中を東西に貫いている。この川の右岸に集落が発達し、祭りの舞台となる粉河町が生まれた。天台宗粉河寺の門前町で、寺の本堂の裏山には粉河産土神社がある。粉河祭は、集落の総鎮守でもあるこの神社の祭礼だ。

祭りの山車《だし》は「車楽《だんじり》」と呼ばれ、町ごとに計12台が残っている。伝えられるところによれば、山車は神にささげる灯籠なのだという。

宵祭では、これらの山車を飾る提灯に灯がいれられ、宵闇のなかにその姿が鮮やかに浮かびあがる。若衆の掛け声と囃子の音が鳴り響くなか、勢いよく山車が引き回される様子は、だんじりの盛んな土地ならではだ。一夜明けた本祭では、古式ゆかしい甲冑《かっちゅう》武者や獅子舞、稚児、大団扇、鳳《ほう》輦《れん》などによる行列が繰り広げられる。これにつづいて、12台の山車が登場。多様なリズムをもった太鼓囃子を打ち鳴らしながら、総勢400人以上が練り歩く。太鼓の打ち方は20ほどのスタイルが受け継がれ、その音でどの町の山車かがわかるという。

祭り本来の中心的行事は、渡御式（お渡り）にある。しかし、1976（昭和51）年以降は、この渡御式が2年に1度しかおこなわれなくなった。しかも、渡御式に参加できるのは宮座（祭祀に携わる集落内の特権的組織）の人のみである。そうした理由から、粉河祭といえば山車（車楽）というイメージが定着していくことになった。

これにともない、山車へのとりつけを一時中断していた〈髭籠《ひげこ》〉が復活した。髭籠というのは、約10メートルの細い竹ひごからできた山車の飾り物の一種である。160本ほどの竹ひごをつかい、山車の最上部から放射状に丸く垂れさがるようにして飾りつける。そのかたちは、平安期の高貴な女性が顔隠しのために笠から垂らした薄布（虫の垂れ衣）のようでもあり、また噴水のようにも見える。各地の山車のなかでも繊細な美しさという点では屈指といえる。

折口信夫の『髯籠の話』によると、髭籠とは神の依り代なのだという。つまり、山車上部に高く揚げられたこの髭籠を目印に、神が天から降りてくるというのが折口の説だ。したがって、依り代を立てる場所は標山《しめやま》、すなわち神が降臨する山を意味している。

興味深いのは、神が思うままに降臨すると、いたるところで祟《たた》りをもたらすことがある。それを避けるためには、明確に場所を示す必要があったのだ。要は、髯籠というのは「敬虔なる避雷針であった」と折口は書いている。

粉河祭では、宵祭で神をこの髭籠に迎え、太鼓と鉦を叩いてなぐさめる。そのあと町なかを運行することによって、神の恵みを町内にさずけていく。

起源ということでは、8世紀後半から神社の祭礼がおこなわれていたとされる。しかし、16世紀前半になって戦乱のため途絶。その後、猿岡城主の藤堂高虎によって、1585（天正13）年に再興されたという説がある。紀州三大祭のひとつである和歌祭（和歌山市）は、粉河祭を模して初代紀伊藩主の徳川頼宣が創始したものだ。それを示す文献も残されている。

牛鬼の山車が練り歩く

南予というのは、愛媛県の南部をさす。この地の中心である宇和島市の夏祭り「和霊大祭」にあわせて、「うわじま牛鬼まつり」がもよおされる。闘牛の盛んな宇和島らしい祭りだ。

この祭りを特徴づけているのは、なんといっても巨大な〈牛鬼〉である。これは鬼の顔に長い首、牛の胴体、剣の尻尾をもった山車《だし》で、高さ5～6メートルに達する。この牛鬼が約20体登場し、長い首を打ち振りながら町を練り歩き、家ごとにその首をつっこんで厄を祓っていく。牛鬼どうしが出会えば、たがいに激しくぶつかりあったり、頭《カブ》を軸に回転したりするなど、迫力ある動きを見せる。牛鬼のうしろからは、竹の筒に穴を開けた楽器を「ブーブー」と吹き鳴らしながら、おおぜいの子どもたちがつづく。これを「かいふき」と呼んでいる。

牛鬼については四国・中国地方を中心に、多くの伝説が残されている。人や家畜を襲って食い殺すという獰猛な妖怪で、牛の頭部と鬼の胴体、またはその逆の姿で描かれることが多い。江戸中期の画家・佐脇嵩之が『百怪図巻』を残しているが、ここには牛の首と蜘蛛の胴をもった姿で描かれている。この妖怪が宇和島地方の祭りでは主役を演じる。

一説では、豊臣秀吉の朝鮮出兵（文禄の役）の際、加藤清正がつかった「亀甲車」という装甲車の一種が、牛鬼のもともいわれる。頼山陽が著した『日本外史』によると、１５９２（文禄元）年に加藤清正が韓国・慶尚道にある晋州城を攻めた際、亀甲車をつくり、これによって矢や石による攻撃を防いだという。亀甲車というのは、木製の堅い箱のようなもので、これを牛革で包み、牛の生首を棒に刺してその先に掲げていた。そのなかに兵士がはいり、城に攻めこんだとされる。藤堂高虎はこの戦いにのぞんだ戦国武将で、のちに伊予国板島（現・宇和島市）で大名となり、当時の様子を南予に伝えたとされる。

また別の説では、室町末期の天文年間（１５３２―５４）に、伊予の橘道信が周防灘に浮かぶ牛島（山口県光市）で、牛鬼を退治したことを祝う祭りだという。牛鬼は、そのころ沿岸部を荒らしていた海賊の名前だとも伝えられる。

さまざまな伝承があるが、祭りそのものは新しく、１９５０（昭和25）年にはじまった宇和島商工祭りが直接の起源。祭りが盛りあがると、牛鬼の山車や神輿がかがり火で照らされた須賀川にはいっていく。太鼓の音を合図に、神輿は上下左右に激しく揺さぶられ乱舞する。そのあと、若者たちが川に立てられた高い竹竿によじのぼり、御札を奪いあう勇壮な「走り込み」がおこなわれる。

宇和島は牛となじみの深い土地で、この日は市営の闘牛場で宇和島闘牛大会（和霊大祭場所）がもよおされる。かつては牛相撲と呼ばれていた。江戸時代以降は牛馬を田の代掻きにもつかうようになり、その売買や交換を生業とする馬喰《ばくろう》が生まれた。山車を牛のかたちにした背景には、こうした歴史や地域性がある。

牛にまつわる話では、瀬戸内海西部では旧暦６月30日に牛をつれて海へいき、牛洗いをしたと宮本常一が書いている。これをサバライと呼んだ。ダニをとる作業だが、このダニを食うためにエンコ（河童）が海辺に集まるという。伝説めいた話が残るところからして、そこに儀式性があったのかもしれない。牛鬼を海神とみなす説もある。これが鬼となったのは仏教的要素がはいりこんで、地獄の獄卒である牛頭馬頭《ごずめず》とまじりあったとも考えられる。あるいは日本各地の神社に伝わる屠畜儀礼、なかでも殺牛儀礼との関連も考えられるが、いずれも実証できるものはなく、仮説の域をでない。

雨を呼ぶ讃岐の竜

牛鬼と同様、四国には変わったかたちの山車がある。ここもそうだ。

香川県の西部を西讃《せいさん》と呼ぶ。仁尾《にお》はこの地に栄えた旧城下町で、千石船などが出入りする良港としても知られた。いまも江戸時代の屋号を引き継ぐ商家が残り、古い町並みに当時の風情をしのぶことができる。

この仁尾に、古くから伝わる雨乞いの神事がある。江戸時代にはじまったとされるが、1939（昭和14）年以降は途絶えていた。ところが、1988（昭和63）年に瀬戸大橋架橋を記念した地方博覧会でこの行事を披露。それをきっかけに、仁尾竜まつりとして約半世紀をへて復活した。

祭りを特徴づけているのは、全長35メートル、重さ約3・5トンにも達する巨大な竜である。稲わらと青竹でつくられたもので、150人を超える担ぎ手たちによって担がれ、豪快に町を練り歩く。竜の頭部では上半身裸になった若衆が角をつかみ、仁王立ちになったまま進んでいく。「雨乞いじゃ、そぉれ竜に、水あぶせ」の掛け声がかかるなか、集まった観客らが手桶やバケツから、勢いよく竜に水を浴びせかける。竜は3年に1度つくりかえられ、そのたびに目やうろこが光ったり、口から白い煙を吐くなど、独特の細工がほどこされる。

讃岐地方は古くから干ばつに苦しめられ、ため池をつくってこれに対処してきた。それでも池が干あがるなど、水の確保にもがいてきた土地だ。祭りの起源として、干ばつにまつわるこんな物語が残されている。

江戸時代後期の1799（寛政11）年夏のことである。日照りがつづき、池も井戸も水が枯れる事態に陥った。農民たちが笠岡村（現・豊中町）の修行僧、和蔵に相談すると、わらで大きな竜をつくり、伊予の黒蔵淵（現・四国中央市）で汲んだ水をかけるようにいわれた。その淵は竜の棲むといわれた場所である。農民たちは八幡神社の境内にある天宮神社のまえで全長15間（約27メートル）の竜をつくり、10里（約40キロ）離れた山奥の淵で水を汲んできた。そのあと竜を担いで村中を駆け回り、水を竜に浴びせかけ、この竜を父母ケ浜から海に流した。その間、和蔵がひたすら神社で祈りつづけていると、雷鳴とともに雨が降りはじめたのだという。

讃岐には「竜王さん」と呼ばれる山がいくつもあり、各所で竜が祀られている。いずれも雨乞いをした場所で、雨乞いの踊りも数多く残されている。たとえば観音寺市には和田雨乞踊と田野々雨乞踊のふたつ、まんのう町でも綾子踊や大川念仏踊、綾川町の滝宮には念仏踊などが伝わる。

雨乞いの方法もいくつか類型がある。ひとつは例にあげた雨乞いの踊り、ほかに祠《ほこら》などにこもって祈祷するというものなどだ。平安初期に讃岐の国司だった菅原道真も、城山神社（現・坂出市）

にこもって断食し、雨乞いをしたと伝えられる。竜神や水神の棲む場所に不浄物を投げこみ、怒らせるという手法もある。あるいは、霊験あらたかな寺社や淵から水をもらい、祈祷するやり方。水のかわりに、火種をもらって火を焚くという祈願法も見られる。竜に水をかけるのは、竜神を活気づけるという意味だろう。

全国各地で竜神信仰が見られるが、これは中国伝来の竜と、日本古来の蛇信仰が結びついたものだ。蛇は水神とされ、川や池をつかさどることから農耕の神となり、雨と結びついて雷神となり、海では竜宮の神としてあがめられている。

山あげ祭…栃木県那須烏山市、本祭り7月第4土曜日をふくむ金曜日から3日間
博多祇園山笠…福岡県福岡市博多区、7月1日から15日
戸畑祇園大山笠行事…福岡県北九州市戸畑区、7月第4土曜日をはさむ3日間
粉河祭…和歌山県紀の川市、7月最終日曜日
うわじま牛鬼まつり…愛媛県宇和島市、7月22日から24日までの3日間
仁尾竜まつり…香川県三豊市仁尾町、8月第1土曜日

第4章　異界につながる船の祭り

海洋民族としての記憶

古代に日本列島にやってきた倭人は、海洋民族だったといわれる。その顔には隈取りをほどこし、からだには刺青があったと、『魏志倭人伝』は記している。刺青は海で大きな魚に食われないためのものだった。それは漁民たちが培った技術であり、身体にほどこした結界でもあった。

松田修は『刺青・性・死』のなかで、「古代刺青とは、あきらかに自然としての人間の常態を棄てしめること、異態の中、非我の中に人間を追いこむ秘術である」と書いている。いわば刺青は自身にほどこす魔法であり呪術であった。海の民にとって海は、豊かな恵みをもたらしてくれる大自然であり、同時に畏怖すべき異界でもあったわけだ。彼らは陸に定住したのちも、この海とのつきあいを断つことはなく、長く半農半漁の暮らしをつづけた。

沿岸部に住みついた倭人は、海での暮らしの名残として、まるで波が勢いよく打ち寄せるように山車《だし》を陸地で引き回すようになった。たとえば大阪湾沿岸のだんじりや九州北部の山笠がそうである。なかでも岸和田の下地車《だんじり》や博多の追い山は、山車が激しい勢いで町なかを疾走する。そこには、海の神の恵みをくまなく陸地にいき渡らせようという願いがこめられている。さらには、俗世のけがれを洗い流そうという清めの意味もあった。水の豊かな土地では、陸地の山車ではなく、船そのものを神霊の乗り物として祭りに登場させる例が少なくない。山車を練り回すかわりに、船を浮かべて川や海を渡るかたちをとるのである。

岩手県の盛岡市や遠野市では、盆送りの日に「舟っこ流し」と呼ばれる行事がおこなわれる。全長3メートルほどの舟を藁《わら》でつくり、船首は竜のかたちをしている。これを川に運び、御詠歌が歌われるなか、火をつけて流す。炎につつまれた竜の舟は、極楽をめざして川を流れていくのである。遠野では古くから、川は極楽につうじるといい伝えられてきた。

船が異界につながる乗り物として登場する例は、西洋にも見られる。旧約聖書のノアの箱舟をはじめ、ギリシア神話には黄金の羊の皮を求めて旅立つ巨大なアルゴー船が描かれている。カナダのケベック州の民話には、恋人に会うために悪魔と契約をした木こりが、空飛ぶカヌーに乗って冬の夜空を航海する民話が残っている。いずれも、ここではないどこかにむかう魔術的な装置として、船がもちいられているのである。

日本の船の祭りを見ていくと、古事記や日本書紀のなかの神話をベースとしたものが多い。神話の時代からつづく古い習わしがあったことを感じさせる。続日本記には、758(天平宝字2)年8月に船霊祭をおこなったと記されている。そこに登場する船魂は海洋民が航海の無事を願った神をさし、船玉とも表記される。女神だとするところが多く、西洋で船首や船尾に女神像をとりつけるしきたりにもつうじる。このほか、災害や事故によって命を落とした者をとむらう祭祀もある。いずれにせよ神霊を船に乗せ、現実世界と異界とを船によってつなごうとする思想が儀式となって受け継がれている。

水に映る壮麗な提灯飾り

もっとも華麗な船の祭りとして、尾張津島天王祭をあげる声は多い。500年を超える伝統をもち、愛知県津島市と愛西市（旧佐屋町）がこれを受け継いでいる。大阪天満宮の天神祭（大阪市）、厳島神社の管絃祭（広島県廿日市市）とならんで日本三大川祭りのひとつとされる。祭りは75日間にもわたる長いもので、宵祭と朝祭で佳境を迎える。

川祭りの多くがそうであるように、この祭りも陸で曳山や屋台を練り回すかわりに、船を浮かべて巡航させる。これには理由があって、かつて津島の地が伊勢と尾張を船でつなぐ湊町だったことに由来する。

宵祭では、365個の提灯を飾りつけた巻藁船《まきわらぶね》5艘が、笛の音とともに天王川を渡っていく。船はたんに「車」とも呼ばれることもあって、これらをだすのは戦国時代から津島五ケ村とさだめられていた。北から順に米之座、堤下、筏場、今市場、下構（中島）の5地区である。巻藁船が出発するまえに、提灯に火をいれ、巨大な椀《わん》のかたちに飾りつけていく。その儀式には優雅で荘厳な雰囲気が漂う。

これがおわると、いよいよ高さ16メートルもの巨大な提灯飾りの船が、そのあかりを川面に映しながら、ゆっくりとこぎだされる。その豪華さはバタイユが『呪われた部分』で指摘したことを思わせる。すなわち、祭りの豪華さというのは、人間の欲望がとりつかれた過剰性のあらわれであり、同時に蕩尽することとよってそれを解消をしているかのようだ。

国内で川にだんじりが登場するのは、この祭りだけだといわれる。ただし、祭りの舞台となる天王川は、江戸時代に埋め立てが進んで現在は池になっている。この池にこぎだされた5艘の巻藁船は、御旅所までいくと神輿に拝礼したのち、車河戸《くるまこうど》と呼ばれる船溜まりに戻っていく。

宵祭がおわり、日づけが替わった午前1時、暗闇のなかで神葭《みよし》流しの神事がおこなわれる。1年間神前に祀られていた神葭のなかで、もっとも重要とされるのが「真の神葭」で、これは神の依代である。これらの神葭に人々の罪やけがれを乗せ、船で天王川のなかほどまで運んで川に流す。けがれを祓う神事である。祭りの本質はここにあり、すべては秘事とされる。そのため見ることは禁忌（タブー）で、人々が寝静まった深夜にあかりを消しておこなわれる。

一夜明けると、朝祭である。ここでは、宵祭の飾りつけから様相を一変させた5艘の船に加え、旧市江村の市江車が勢ぞろいする。6艘の車楽船《だんじりぶね》には能の出し物をかたどった置物を飾り、稚児、囃子方、乗り方衆、祝司らが乗船。締太鼓、笛、太鼓による典雅な古楽を奏でながら、ゆっくりと川を進んでいく。まさに王朝絵巻そのままの世界が展開する。

やがて締めこみ姿の男衆10人がつぎつぎと船（市江車）から天王川に飛びこみ、布鉾をかかげたまま泳いでいく。竹に白い布をつけたこの鉾は、悪霊や邪気を打ち払う武器とされる。岸まで泳ぎ渡ると、これらは神前に奉納される。そのあと津島神社の拝殿で、稚児の太鼓打ちによる奏楽もおこなわれる。

豪華絢爛、なにわの川祭り

水都大阪は夏祭りの盛んな土地だ。なかでも天神祭は、なにわの地を代表する祭りである。江戸時代に規模が拡大し、国内有数の川祭りとして知られるようになった。大阪市北区天神橋にある天満宮の例祭で、祭神である菅原道真の霊をとむらうものだ。

祭りの話のまえに、大阪の川についてふれておこう。

都心部を流れているのは旧淀川であり、上流から区間ごとに大川、堂島川、安治川にわかれる。江戸時代には京都とのあいだを結ぶ船がいきかい、これを過書船《かしょぶね》と呼んだ。過書とは通行証を意味する。船は荷物運搬の天道船《てんとぶね》や書物船などと、旅客を乗せる人のせ三十石船があった。こうした豊かな船の文化が祭りにも反映されている。

この祭りは、6月下旬吉日の装束賜式にはじまり、7月25日までの約1カ月間にわたってつづけられる。とりわけ7月24日の宵宮、さらに25日の本宮で、祭りは最大の盛りあがりをみせる。

まずは宵宮の朝に、鉾流《ほこながし》神事がおこなわれる。神童、神職、楽人が小舟に乗って堂島川にこぎだし、鉾流橋のあたりで神童が神鉾を川に流す。天神祭では、この舟を斎船《いつきぶね》という。鉾は御鳥船《おとりぶね》によって回収され、午後になって天満宮に返納される。

この日は催《もよおし》太鼓と獅子舞が氏地を巡行し、祭りの準備が整ったことを告げて回る。催太鼓とは、太鼓台のしたに丸太をさしこんで、これを固定したものをいう。この催太鼓を左右前後に激しく揺らしながら、そこに乗った6人の男たちが太鼓を打つ「からうす」も披露される。太鼓を打つ人を願人《がんじ》、担ぐ人を舁《かつ》ぎ方《かた》と呼び、花形である願人になるには舁ぎ方を3年以上経験しなければならない。この太鼓はもともと大阪城の陣太鼓で、豊臣秀吉から拝領したものだとされる。

一夜明けた本宮では、神霊移御の神事によって神霊を鳳輦《ほうれん》、すなわち鳳凰の飾りをつけた神輿に移す。それがすむと、天満宮から天神橋のたもとにある八軒家浜（船着き場）まで、神輿行列が練り歩く。これを陸渡御《りくとぎょ》と呼び、約4キロの道のりを3000人あまりが行列する。先頭を務めるのは催太鼓、つづいてサルタヒコやウネメ、花傘、猩々の人形を乗せた山車などが進む。ここまでが第一陣。そのあと、神霊を移した鳳輦神輿などの第二陣、さらに玉神輿と鳳神輿による第三陣がつづく。

日が暮れてあたりが暗くなると、最大の見どころである船渡御《ふなとぎょ》がもよおされる。神霊を乗せた御鳳輦船が100艘ほどの船をしたがえて、大川を上流にむけて進んでいく。太鼓や鉦の音を響かせながら、灯りをともした大船団が川を渡る姿はじつに豪華絢爛である。祭りを盛り立てるどんどこ船や落語船なども、この祭りならではのものだ。1万2000人ともいわれる人々が船に乗りこみ、船中では独特の手拍子で「大阪締め」を繰り返す。船団は約7キロの航路を2時間かけて往復する。これにあわせて、華麗な奉納花火が夜空を彩る。

祭りは平安中期を起源とし、豊臣秀吉の大坂城築城のころには、すでに御鳳輦船が川を渡る「船渡御」のかたちが整っていた。江戸の元禄期（17世紀後半）以降は、商都なにわのシンボルとして隆盛をきわめていく。お迎え人形も登場し、その数は50体にも達し、各町々に飾られたという。享保のころ（18世紀前半）には祭りを支える組織「講」が生まれ、維持運営のシステムが整っていった。

厳島《いつくしま》に伝わる平家の栄華

管絃祭《かんげんさい》は厳島神社の祭礼行事で、旧暦6月17日の大潮の日におこなわれる。瀬戸内海を代表する海の祭りで、1000年以上の歴史を誇る天神祭（大阪府）、12年に1度のホーランエンヤ（島根県）とともに日本三大船神事にあげられる。

簡単に祭りを説明すれば、厳島神社の祭神イチキシマヒメが対岸の地御前《じごぜん》神社の神に会いにいったため、その姫神を迎えにいく祭事である。姫神を乗せた御座船が雅楽を奏でながら海を渡り、深夜に戻ってくる。この渡御によって、沿岸の土地や人々に恵みがもたらされるという。

祭りの起こりをたどると、京都にいきつく。都では古くから、池や川に船を浮かべて、貴族たちが優雅な「管絃の遊び」を楽しんでいた。管弦というのは、雅楽器による合奏のことである。この管弦の遊びが宮島でもよおされるようになったのは、平安時代末期、平清盛が厳島神社を造営したことがきっかけとなった。

　平家の隆盛とともに神社は栄え、清盛はここで管弦の催しを開いたのである。ただし、遊びではなく神をなぐさめる神事として、これをおこなった。当時から、宮島は島そのものが神とあがめられ、人が住むことを許されていなかった。清盛もそれを重んじ、神事として祭りをもよおしたのである。祭りに際しては、姫神が乗る御座船（管弦船）をつくり、多くの提灯をともした。その灯を暗い海に映して、夕刻から深夜にかけて船は海を渡った。以降、平安絵巻さながらの世界が、瀬戸内海を舞台に展開されることになった。

　別名、十七夜祭。

　これは祭りの日が旧暦6月17日であるためで、この日を祭りにあてたのは潮の干満を考慮してのことだった。船が海に建てられた大鳥居をとおって、本社にではいりするため、夜半の満潮時に潮のよく満ちる日が選ばれたのである。

　管絃船は厳島神社から出御し、地御前神社を訪れたのち、還御する。このかたちをとるようになったのは、鎌倉時代以降、島内に人が住むようになってからのことである。

　祭りでは、和船3艘を横にならべて1艘に組み、これを別の3艘の船で曳航する。かつては1艘の大きな和船が、6つの櫓《ろ》をこいで海を渡ったという。ところが江戸中期の1701（元禄14）年、嵐のためにこの管絃船があやうく転覆しそうになった。そのとき、阿賀村（現呉市阿賀）の鯛網船と江波村（現広島市中区江波）の伝馬船によって、救助されるという出来事があった。以来、阿賀村と江波村が管絃船を曳航するようになり、いまも木造船によってこれがつづけられている。

祭りの日は、午前中に厳島神社での儀式をへて、その日の夕刻に鳳凰をつけた神輿を船に移す。その後、管絃を奏でながら、対岸の地御前神社にむかう。いったん火建岩沖に停船し、提灯にあかりがともされたのち、江波の伝馬船だけが先に岸に着き、江波の盆踊りを奉納する。やがて潮を待って、管絃船と阿賀の船が到着。地御前神社で祭典をおこない、管絃が奉納される。

これがおわると、管絃船は宮島へと還御する。途中、長浜神社、大元神社でそれぞれ祭典をしたあと、大鳥居をくぐり、客《まろうど》神社のまえで祭典と管絃の神事をおこなう。海岸には孤を描くようにして提灯の灯がともされ、幻想的な風景が展開する。最後に、神輿が本殿に戻され、祭りは深夜11時をすぎたころにおわりを迎える。

華やかでやがて寂しき精霊船

隠岐は西ノ島、中ノ島、知夫里島、島後の4島および数多くの小島からなる。島根半島の北方約50キロに浮かぶ諸島だ。古くは後鳥羽上皇や後醍醐天皇が京の都から流されたように、流刑の地として知られた。そのいっぽうで、神楽や舞踊、祭りなどの伝統芸能や神事が大切に受け継がれてきた土地でもある。精霊船と書いて「シャーラぶね」と読む送り盆の行事も、その伝統のひとつである。

精霊船送りは毎年8月16日の早朝、西ノ島の美田地区5集落（船越・小向・大津・市部・波止）と浦郷地区4集落（浦郷・赤ノ江・珍崎・三度）でおこなわれている。その年に新盆を迎えた家が、死者の霊を精霊船に乗せ、海（西方浄土）に送りだすというものだ。またの名を盆船ともいう。

船は竹や木で骨組みがつくられ、麦わらなどを船体にして、そこに高い帆柱が立てられる。全長7〜8メートルほどで、帆柱の高さは10数メートルにも達する。精霊船としてはかなり大きなものだ。西ノ島では地区ごとにこの精霊船をつくるため、その装飾や規模は少しずつ異なる。かつては子どもたちがつくっていたが、時代の移ろいとともに、いまではおとながつくるようになった。

精霊船づくりがはじまるのは、毎年8月にはいったころからである。盆が近づくにつれ、墓には流し旗が立てられ、墓のまわりには縄が張りめぐらされる。その縄に「盆旗」と呼ばれる小さな旗が結びつけられ、寂しげだった墓地が華やいでくる。盆旗は長さ20センチほどの色紙に経文や戒名を書いたもので、これらが精霊の依り代になるのだという。静かな島で、盆を迎える準備が進んでいく。

精霊船送りの行事は、隠岐の島々で広く見られる。ただし流される舟は小さなものだ。西ノ島でもむかしは島人たちが小さな舟をつくり、供え物を乗せて海に流していた。ところが、明治時代半ばに疫病が流行。その原因は、舟で流した供え物が岸に流れ着き、それが腐ったためだとされた。一計を案じた船越万福寺の住職が、大きな精霊船をつくることを提案。この船に供え物を積んで、沖まで運び去ることにしたのだという。一般に精霊船による御霊送りは、雅な風流《ふりゅう》に近づくことが多い。しかし、この地ではユニークなかたちで変化をとげた。

いよいよ精霊船送りの日がくると、子どもたちは早朝から、各家や墓から集めてきた盆旗を船の帆に結びつけ、供え物や施餓鬼の卒塔婆などを船に積んでいく。港では線香が焚かれ、鉦と鈴の音が響く。やがて、新盆を迎えた家の人々が船に乗りこみ、動力をもたない精霊船は漁船に曳かれながら岸を離れる。数千あるいは数万にものぼる色とりどりの盆旗をはためかせながら、盆唄や詠歌に送られ、船は青い海を進んでいく。数ある精霊流しのなかでも、他に類を見ない雄々しい光景である。

船は港内を3度回ったあと、美田湾をでて、焼火山《たくひやま》の南にある岬まで曳航される。素朴で簡素な船ではあるが、潮風に盆旗をなびかせるその姿は、不思議な華やかさと寂しさをまとっている。最後には船に乗っていた若者や子どもたちが海に飛びこみ、里帰りしていた先祖を乗せた船と別れを告げる。

ゆく夏を惜しむように精霊船送りがおわると、里帰りしていた人々もまた島を離れて、それぞれの生活へと戻っていくことになる。

ニライカナイとハーリー

ウンジャミは沖縄本島北部から中部にかけて分布している行事で、旧暦7月15日前後の亥の日におこなわれる。ウンガミあるいはウンザミなどとも呼ばれ、海神という意味の言葉から派生したと考えられる。

沖縄にはニライカナイの信仰があって、ウンジャミの行事もこれをベースにしている。ニライカナイとは海の彼方にある想像上の楽土をさし、そこから神々がやってきて、豊穣をもたらすと伝えられてきた。沖縄地方ではこの時期に稲の収穫がおわるため、この祭が季節の移り変わりを示すという役割もはたしてきた。沖縄古来の行事はその多くが、稲の豊作を願うものだった。これが山の幸や海の幸の豊穣、さらに交易による繁栄を願う祭りへと広がっていったともいわれる。

大宜味村塩屋のウンジャミは500年の伝統をもつとされ、本島北部でもとりわけ古いかたちを残している。この祭りは旧盆明けの亥の日に、大宜味村の塩屋湾と周辺集落を舞台におこなわれる。

午前中に、各集落ごとに神人《カミンチュ》となった女性が神々を迎え、豊穣を祈願する。ウンジャミのはじまりである。神人は満潮になった未明の浜辺にでて迎えの行事をいとなみ、そのあとアシャギと呼ばれる祭場で神遊びをおこなう。神遊びでは、オモロ（古くからの琉球歌謡）を歌いながら、山や海の獲物をとる動きを真似ながら踊る。

午後になると、塩屋湾でウガンバーレーと呼ばれる船の競争がおこなわれる。いよいよ船の登場である。ウガンを漢字にすれば「御願」となり、バーレーは爬龍船《ハーリー》による競漕のことだ。沖縄の一部には古くからフナハラシという言葉があって、小舟をこいで競争することを意味した。腰まで海につかった女性たちが手もちの片張り太鼓を打ち鳴らし、掛け声をかけながら、20人ほどが乗った各集落のハーリー3艘を迎える。この間に、神人の最高位で祭りをつかさどるノロが、海辺で神々を送る儀式をおこなう。

国頭村比地では、イノシシ狩りを模した儀式をおこない、そのあと浜でネズミを海へ流す。中国では古来より、年末にトラとネコの神を招いて農耕感謝祭をおこなってきた。これは、農耕の害獣であるイノシシとネズミの天敵を招き、害獣を追いやるという理由からだ。比地の儀式も、この系譜につらなると考えられる。

ウンジャミは基本的に女神を拝する祭りだが、これに対して、男神の祭りとされるシヌグがある。シヌグは旧暦6月の吉日に、来訪神信仰のもとにおこなわれる行事で、ウンジャミとならぶ重要な祭祀とされてきた。シヌグとは、兄弟あるいは男の祭りという意味をもつ言葉だ。祭りをおこなう主体も、ウンジャミが女性を中心としているのに対し、シヌグは男性が中心となる。祭祀の意味あいは、ウンジャミが五穀豊穣の祈願であるのに対し、シヌグは厄払いを軸としている。

国頭村安田《くにがみそん》では、男たちが山にはいってツル草やシダなどの草木を身にまとい、「一日神」に扮する。そのあと山からおりて、悪霊を集めて退散させるために「エーへーホーイ」の掛け声をかけ、草木で地面をたたく「スクナーレ」を繰り返しながら集落を練り歩く。これによって集落を清め、豊年を願う。夜には、女たちによる伝統の舞踊「ウシンデーク」がおこなわれる。シヌグとウンジャミとを隔年ごとにおこなうという村も多い。

舟っこ流し…岩手県盛岡市・遠野市など、8月16日
尾張津島天王祭…愛知県津島市・愛西市、宵祭7月第4土曜日・朝祭翌日
天神祭…大阪府大阪市北区、宵宮7月24日・本宮25日
管絃祭…広島県廿日市市、旧暦6月17日の大潮の日
精霊（シャーラ）船送り…島根県西ノ島町、8月16日
ウンジャミ…沖縄県本島北部から中部、旧暦7月15日前後の亥の日

第5章　京から広がる祇園の祭り

祇園祭のポリティクス

「コンチキチン」の祇園囃子が聞こえてくると、京都に夏がやってくる。むし暑い盆地の夏だ。この祭りは「祇園さん」の名で親しまれる八坂神社の祭礼で、大阪の天神祭、東京の山王祭（神田祭）とならんで日本三大祭のひとつにもあげられる。

祇園祭と呼ばれる祭は日本全国いたるところにあり、その数は１００を超える。平安時代にはじまった京都の祇園御霊会《ごりょうえ》が各地に広まったものだ。その多くは山鉾を建てて町を巡幸するスタイルを基本としている。

そもそもこの祇園とはなんなのか。『平家物語』はつぎのパラグラフからはじまる。

祇園精舎の鐘の声、諸行無常の響きあり

しかし、ここに書かれた祇園精舎は京都の八坂神社、すなわち祇園社のことではない。インドで釈迦が説法をした寺院をさしたもので、仏教の聖地のひとつである。この寺院に祀られていた神が、京都の地にも姿をあらわしたとして、祇園社が建てられた。６５６（斉明天皇２）年のことだとされる。この祇園社とともに、兵庫県姫路市の広峯神社もまた、全国にある牛頭《ごず》天王の総本宮であることを主張している。どちらを総本宮とするかはおくとして、そこに祀られているのは牛頭天王で、別名祇園天神とも呼ばれる。

では、なぜ仏教の守護神を神社に祀っているのか。これには神仏習合が関係している。古代の日本には、八百万《やおよろず》の神を信じる自然信仰があった。そこに仏教が伝わってきたことで、神仏混在の宗教環境が生まれることになった。そのため牛頭天王は、スサノオと同一の神、いわゆる習合神とされている。習合とは、複数の宗教の神がまざりあって同じ神とみなされる現象をいう。この信仰が、都であった京都から全国に広がっていった。各地の八坂神社がスサノオに関連した「木瓜紋《もっこうもん》」を神紋としているが、その理由もここにある。

祇園祭が地方に伝播していったのは、室町時代以降のことだ。守護大名が京都を真似た町づくりをおこない、各地に「小京都」が誕生した。その際に、都の象徴として祇園社が勧請《かんじょう》され、祇園祭も移入されていった。つまり、信仰が先にあったのではなく、祭りのポリティクスとでもいうべき力が作用していたのである。ここでいうポリティクスはたんに政治というだけではなく、民衆の連帯意識や共同体への視線をもふくんでいる。というのも、あらたに祇園社を集落のなかに設けることはせず、山鉾巡行という様式のみを模倣した例も数多くあるからだ。人々は祇園祭の華麗さに、都の雅を見たのである。それは氏神を祀る集落の祭りが、華美で盛大な祭りに転換していくきっかけになった。快楽が祭りの中心になっていったともいえる。

加えて、祇園御霊会が旧暦6月15日におこなわれていたことも、祭りの広がりをうながした。本格的な夏を迎えるこの時季は、疫病や農作物の病害虫が人々の大きな心配事だった。そこで疫病祓いや虫送りの願いを祇園祭に託し、農村部にも浸透していったという経緯がある。

まずは京都の祇園祭から紐といてみよう。

八坂神社と山鉾町

京都の祇園祭は、1カ月間にわたってつづく。7月1日の「吉符入り」を神事初めとし、山鉾町ごとに祭りの無事を祈願する。翌2日は京都市役所で山鉾巡行の順番を決める「くじ取り式」。10日には鴨川の水で神輿を清める神事があり、このころから鉾《ほこ》や曳山《ひきやま》を組み立てる鉾建てがはじまる。その後、祭り本番となる「宵山」「山鉾巡行」などをへて、31日の疫神社「夏越祓《なごしのはらい》」でおわりを迎える。

祭りの風情が増すのは、山鉾巡行まえの「宵山」「宵々山」あたりからである。日暮れとともに山鉾町では提灯がともされ、夕闇のなかを多くの人が集まってくる。35町からなるこの山鉾町では、老舗が玄関を開けはなち、屏風などの宝物を披露する。通りでは粽《ちまき》や護符が売られ、祭りに趣をそえる。ただしこの粽は食べ物ではなく、なかは空洞である。町の人々はこれをもち帰り、厄除けのために1年間、玄関先などに吊るすのが習わしとなっている。

祭りの目玉は壮麗な「山鉾巡行」である。1100年余りの伝統をもつ祭りだが、2014(平成26)年からこの山鉾巡行が2日間にわけておこなわれるようになった。17日を「前祭《さきまつり》」、24日を「後祭《あとまつり》」とし、山鉾が従来より1基増えて33基になった。うちわけは前祭に23基、後祭に10基が登場する。応仁の乱以前の室町期には、前祭に31基、後祭に27基の山鉾がでたとの記録が残っている。長刀鉾《なぎなたほこ》、函谷鉾《かんこほこ》、月鉾といった大型の鉾は重さ10トン前後、高さ25メートルを超えるなど、山車《だし》の規模としては全国の祭りのなかでも最大級である。

鉾と山の違いは、屋根のうえにある。鉾は、棒状の長い木を立て、これを真木《しんぎ》と呼んでいる。鉾の先には鉾頭があり、それぞれの鉾の象徴が飾られる。ただし一部の鉾は、真木をもたない。いっぽう、山には真木がなく、松の木が飾られていて、これを真松《しんまつ》と呼んでいる。

もともとは前祭と後祭があったわけだが、これが統合されたかたちでおこなわれてきた。費用の拡大や交通規制の問題、一度にすべての山鉾が見たいといった観光客からの要望などがその理由である。しかし、大船鉾《おおふねほこ》が150年ぶりに復活することが決まり、これにあわせて本来の祭りのかたちに戻すことになった。後祭が再開されたのは、1966(昭和41)年以来49年ぶりのことだった。

17日の前祭山鉾巡行によって町を祓い清めたのち、同日夕には神輿がでる。中御座・東御座・西御座の各神輿が八坂神社から氏子町を回り、四条河原町近くの御旅所にむかう。その後、24日の後祭山鉾巡行をへて、やはりその夕刻に八坂神社に戻っていく。

祭り行事は八坂神社がおこなうものと、山鉾町によるものに大別される。一般的には、山鉾町による行事が「祇園祭」と認識されている。なかでも山鉾行事だけを重要無形民俗文化財として、1962（昭和37）年に国が指定した。

歴史を紐とけば、平安時代前期の863（貞観5）年に、京都をはじめ各地で疫病が流行った。そこで、平安京大内裏の南東にあった神泉苑で、鎮魂のための御霊会《ごりょうえ》がおこなわれた。しかし、疫病はおさまらず、6年後に当時の国の数と同じ66本の鉾を建て、祇園社（八坂神社）から神輿3基をだし、牛頭天王を祀ってふたたび御霊会をおこなった。これが祇園祭の起源とされる。

その後、桃山時代から江戸時代にかけては、西陣織のほかに南蛮船がもちこんだゴブラン織などが山鉾を飾るようになり、祭りは絢爛さを増していった。16世紀初頭から17世紀にかけて数多く制作された『洛中洛外図』には、京の町を進む長刀鉾などの姿が誇らしげに描かれている。

余談だが、京都では古くから鱧《はも》が珍重されてきた。生命力が強く、産地から都まで生きたまま運ぶことができたからだ。しかも旬が祭りの時季と重なる。じりじりとした日照りがつづく京都の夏。脂ののった鱧料理は祇園祭にかかせず、この祭りを「鱧祭」の異名で呼ぶこともある。

近江商人たちの曳山

滋賀県近江八幡市は琵琶湖の東岸に位置し、美しい水郷やヴォーリズ建築が残る町として知られている。この町にあって浅小井《あさごい》は、かつてイグサの産地として栄えた。畳表やゴザの材料である。加えて、近江八幡から日野にかけての地域は、近江商人の中心地。その豊かな経済力に支えられて、この地に曳山を奉納する祭りが生まれた。これが津島神社の祭礼である。この神社は今宮天満神社内にあって、尾張の津島神社から招いた分霊を祀っている。

初日は宵宮と呼ばれ、境内に設置した大たいまつ6本が順番に奉火される。2日目の本宮では、祇園囃子とともに、高さ5メートルほどの曳山6基が水郷地帯の町なかを巡行する。近江八幡市の神社祭礼では、たいまつが多く登場する。古くから陸上交通と湖上交通の要衝であったことが、道を照らすという風習として残ったともいわれる。おもに3月から5月の春祭の際に奉火され、その数は200基にものぼる。夏祭りで奉火されるのは、浅小井だけである。

この祭りは江戸時代前期の1670(寛文10)年にはじまったとされるが、戦時中に途絶えてしまった。これを1990年代後半になって、住民が復活させた。

「浅小井の祇園さん」などと呼ばれるように、鉦、太鼓、笛による祇園囃子が、雅やかな音を響かせる。京都の祇園祭に似た音色だが、テンポは浅小井のほうがやや速い。白木造りや漆塗りの曳山6基は、江戸時代後期から受け継がれたもので、歳月をへた風格がある。濃い水色の法被の背には、祭の字が赤で染め抜かれ、これを身にまとった地域の人々が曳山を練り、祭りを盛り立てる。曳山は各町で管理され、それぞれ五条ノ木山、東出山、北出山、平田出山、西出山、野瀬出山の名をもつ。

滋賀県内では曳山の登場する祭りが多く見られるが、この曳山には大きく3つの類型がある。飾りの人形がついた日野・水口型、カラクリ人形が乗る大津型、狂言舞台のついた長浜型である。

浅小井の曳山は日野・水口型で、単層からなる露天式の人形屋台というかたちをとっている。屋台のなかは縦長の直方体型で、ここに囃子衆が乗って巡行する。屋根部分には欄干が設けられ、その内側に人形が飾られている。人形はおもにその年の干支や世相をテーマとしたもので、これを「ダシ」と呼んでいる。これらの人形は毎年、住民によってすべて新しく手づくりされるのが習わしとなっている。

曳山にはダシのほか、素木《しらき》に木彫がほどこされ、提灯飾りがつけられる。町内を練り回ったのち、曳山6基が神社の境内に勢ぞろいした姿は壮観だ。そのあと、曳山は1台ずつ本殿まえに進み、山のうえから餅や菓子、おもちゃをばらまく。子どもにまじっておとなもそれに手を伸ばし、村祭り風のにぎわいが増す。

祇園祭は各地に伝播する過程で、小さな揺れをはらみながら広がっていった。京都を中心に言葉が広がっていく様にも似ている。その意味では祇園祭は暗喩の体系ともいえる。祭りがある種のテロリズムとして日常に衝撃をもたらすとすれば、その世界を崩壊させるのではなく、似ているようでどこか異なる世界を人々に提示する。小説や映画にふれたあと、日常風景がすこちがって見えるように、凡庸になってしまったものの見方に新たな補助線を引く役割をはたしている。

神に嫁ぐ南会津の花嫁

会津田島祇園祭は田出宇賀神社と熊野神社の例大祭で、福島県南会津町田島で7月22日から24日にかけ、3日間にわたっておこなわれる。祭り自体は1月15日の「お党屋お千度」にはじまり、200日あまりかけて行事が進行する。

運営は「お党屋」と呼ばれる組（家）によっておこなわれ、年ごとに祭事運営を交替していく。お党屋のなかで神主となる家をお党屋本と呼び、祭りの中心となる。さらに「渡し」と呼ばれる前年のお党屋組と、翌年のお党屋組である「請取り」がこれを支える。

はじまりは12世紀末、鎌倉時代前期に領主であった長沼宗政が、祇園の神である牛頭天王須佐之男命《ごずてんのうすさのおのみこと》をこの地に祀ったことによる。これがきっかけで、旧来からの田出宇賀神社の祭りに、祇園祭がとりいれられた。伊達政宗の会津支配によって祭りは一時途切れたが、1603（慶長8）年に復活。いまに受け継がれている。

祭りでは、シャンギリと呼ばれる田島祇園囃子が鳴り響く。江戸時代末から明治初期にかけて、屋台のうえでおこなわれていた「子ども歌舞伎」は、長らく中断されていたが、1994（平成6）年からふたたび演じられるようになった。

「大屋台運行」では、子どもを屋台のうえに乗せたまま、路上を激しい勢いでこれを引き回す。その迫力ある動きから、「喧嘩屋台」の異名で呼ばれることもある。屋台は前半分が舞台、うしろ半分が楽屋となっている。ここでおこなわれる歌舞伎は、祭りに迎えた神霊を愉しませるためにある。

祭りの奉納行事や余興は、基本的に神霊への奉仕ということをその軸にしている。

このほか「七行器行列《ななほかいぎょうれつ》」という行事が、この祭りを特徴づけている。行器とは、中世から近世にかけ、儀礼の際に食べ物を運ぶときにつかった器をさす。ここでは、7つの器に供物をのせて神前まで運んでいく。供物は神酒の角樽3つ、赤飯を盛った脚つきの行器3つ、サバ7本をのせた魚台ひとつの計7つ。40人前後の若い女性が花嫁姿となり、はかま姿の男衆とあわせて100人ほどが行列をつくって練り歩く。いったんは神に嫁ぐという意味があったのだろう。行列の際は、行器を高めに捧げもち、息がかからないように気を配らなければならないという。

やがて行列が神社拝殿に到着すると、雅楽や祝詞を神霊に献上し、その後、直会《なおらい》がおこなわれる。神酒をくみかわし、切りイカを添えた赤飯が護符としてさずけられる。直会は、神が食したものをそのあとで口にし、結びつきを強くし、力を授かろうというものである。

例祭は最終日の神楽奉納によって、一連の神事をおえることになる。

神楽は神霊を愉しませるためという解釈がある。しかし、神楽とは本来、神座と書き、神霊の降臨する場所をさした。神霊がそこで、人に幸福をもたらす歌舞をおこなったされる。そのため、これは神霊による行為とされる。

唐津の巨大な岩山笠

山笠については第三章でふれたように、北部九州で盛んな山車の形態だ。玄界灘に面した佐賀県唐津市の浜崎祇園祭は、巨大な岩山笠で知られる。高さ15メートル、重さ5トンにもおよび、5階建てのビルほどの大きさだ。現在運行されている山笠としては最大規模、山車としても国内屈指である。

岩山笠というのは、山車に屋形や岩、滝などを配置して風景をつくる。そこに人形などをおいて、時代劇や童話などさまざまなシーンを表現している。浜崎の山笠は前面を「オモテヤマ」と呼んで、おもに時代ものの飾りつけがなされる。後面は「ウラヤマ」といい、おとぎ話など子どもむけのテーマで飾りつけがなされる。

当初は博多の飾りを借りて山笠をつくっていたが、やがて浜崎にも「やまつくりさん」と呼ばれる人形師があらわれた。彼らの登場によって、いまでは浜崎系として知られる山笠の形態が完成されていった。

祭りそのものは諏訪神社境内にある須賀神社（祇園社）の祭礼である。起源は江戸時代中期にさかのぼる。１７５３（宝暦３）年に、中村屋久兵衛という浜崎の網元が京都を訪れた際、八坂神社に参拝。その帰りに、博多祇園山笠を見物したことがきっかけになった。久兵衛は私財を投じて、3台の山笠を神社に奉納。濱地区の大漁、東地区の商売繁盛、西地区の五穀豊穣を祈願した。これが祭りのはじまりとされる。

運行形態は曳き山笠で、2本の長い綱をひいて練り回すことになる。台車には車輪が6つあり、舵棒によって山笠を方向転換させたり、ぐるぐる回転させたりする。左右に3つずつならぶ車輪のうち、真ん中の車輪だけがほかに比べて、したに突きだしている。そのため運行時には山笠をまえかうしろに傾け、真ん中の車輪と前後どちらかの車輪が地面につくようになっている。この構造を「天秤」と呼んでいる。

山笠は数カ月まえから飾りの製作・補修がはじまり、6月後半から数週間かけて組みあげられる。7月になると薄い竹紙を張った明笛、三味線、半鐘、大太鼓、締め太鼓による囃子の音が聞こえてくる。町はしだいに祭りの雰囲気に染まり、祭り前日には子ども山笠の運行もある。

いよいよ祭り当日を迎え、午前中は祇園社で神官による神事。午後3時をすぎると、ひきやま公園に3台の山笠がそろい、祭りがはじまる。公園を出発した山笠は町を運行し、浜崎海岸にむかう。ここで汐井（海の砂）を手桶に汲みとり、これを山笠の前方に吊るして帰路をたどる。日が暮れると山笠の灯籠にあかりがともされ、その姿が宵闇に美しく浮かびあがる。この山笠をぐるぐる旋回させることを「おおまぎり」と呼び、その様は巨大な光の高楼が縦横無尽に動きだしたかのようで、祭りの熱はいっきに高まる。

祭り2日目も山笠は同じルートを運行。最後に祇園社で山笠奉納行事をおこなうと、山笠は朝までに解体される。町を巡行した山笠が厄を集め、これを祓うという意味があり、京都の祇園祭の山鉾も同じである。

この地の人々が祇園祭を大切にしてきた逸話がある。明治時代に電線が引かれはじめたころのことだ。浜崎にもその話がもちあがったが、電線を張って山笠がとおれなくなるくらいなら電気はいらない、と地元が反対した。その結果、祭りの期間中は電線を地中に埋設することで折りあいがついた。それほど祭りにかける思いは強い。

唐津の岩山笠ということでは、呼子町の小さな漁村でおこなわれる小友祇園山笠も興味深い。この地の岩山笠も大型で、高さ15メートル、重さ3トンにおよぶ。浜崎系の岩山笠としてはゆいいつの舁き山笠で、この巨大な山笠を揺らしたり勢いをつけて走らせたりする。転倒防止のため、山笠の周囲には綱を張り巡らせているほどだ。

さらには、数十人の男たちに担がれた巨大山笠が海にはいっていく。大潮の干潮時におこなわれる行事で、舁き手は首まで海につかって進む。細い路地を縫い、海で暴れる巨大な岩山笠の姿は、咆哮するゴジラの姿を彷彿とさせる。

鷺の舞、津和野に伝わる

津和野の弥栄《やさか》神社に伝わる舞踊神事は、鷺舞《さぎまい》という美しい名をもつ。同社の祇園祭にあわせて、7月20日に町内11カ所、27日に同9カ所で舞われる。神事は「頭屋」と呼ばれる主宰者を中心にとりおこなわれ、年ごとにこの役割を引き継いでいく。

20日の未明、頭屋がまず弥栄神社の神木に注連縄を奉納する。これをおえると、ふれ太鼓を叩きながら、「頭屋におじゃれや、ふれ太鼓をたたかしょう」と大声で告げ回り、祭りがはじまる。しばらくして御旅所で儀式がおこなわれ、祭りはいよいよ本番となる。

まずは弥栄神社に鷺舞いを奉納し。そのあと神霊を乗せた神輿を先頭に、行列が御旅所にむかう。神輿のうしろには頭屋をはじめ、舞い方、唄い方、囃子方、さらに護衛にあたる警固《けいご》などがつらなる。一行は町内各所で舞いを披露しながら、町を練り歩いていく。

鷺は雌雄2体があり、これに扮する舞い方は頭に高さ1メートルほどの鷺頭をかぶる。桐の木の芯に、白紙を張ってつくったものだ。背中には檜板でつくった大きな白い羽根。衣装は白布の単衣を着て、脚に緋縮緬の踏みこみをつけ、白足袋、草履をはく。雅ないでたちである。舞いに際しては、この雌雄2体の鷺をはさんで、まえに棒振りがふたり、うしろに打楽器の羯鼓《かっこ》奏者がふたりつき、そのほか唄い方らがひかえる。

鷺舞いはきわめて典雅なもので、唄いや囃子もゆるやかに進む。

そのいっぽうで、舞いそのものはジオメトリックに空間を切り裂いていく印象がある。多くの神楽もこうした特徴をそなえている。ある種の合理性が舞いのなかにに宿っていて、ロジカルな世界観に貫かれているようにも感じられる。

さて、神霊を乗せて渡御した神輿は、御旅所で1週間をすごしたのち、27日の還御の日を迎える。最この日も神社へと帰る神輿にしたがい、一行はふたたび町を練り歩きながら、舞いを披露する。最後に社殿のまえで舞いが奉納され、翌年の頭屋へと引き継ぎがおこなわれる。翌年の頭屋は鷺が舞いこむのを待つという意味で、「舞いこみ頭屋」という名で呼ばれている。

源流をたどれば、かつて京都八坂神社の祇園祭で奉納されていた鷺舞にたどり着く。これは中国の七夕伝説をもとにしたもので、本来は鷺ではなく鵲《かささぎ》だったともいう。鵲は牽牛と織女のために天の川に掛け橋を渡した鳥で、その物語を舞いに昇華させた。しかし、京都では鵲を見ることができなかったため、「笠をかぶった白鷺」を鵲（笠鷺）に見立てたとされている。

この舞いが山口祇園会をへて、津和野に伝習された。１５４２（天文11）年のことである。戦国時代にいったん途切れたが、江戸前期の１６４５（正保元）年に津和野藩主の亀井茲政が家臣を京都に派遣し、鷺舞を直接習得させた。以降、約４００年にわたり伝統を受け継いできた。

本家である京都の祇園祭では踊りが途絶えてしまったが、１９５６（昭和31）年になって今度は津和野からの鷺舞を習い復活させた。いまでは山口祇園祭鷺の舞（山口市）、飯田川鷺舞まつり（秋田県潟上市）、浅草寺白鷺の舞（東京都台東区）がある。

そもそも鳥は霊魂を運ぶ存在、あるいはその化身だという考え方があった。鳥霊信仰と呼ばれるもので、世界各地で出産や喪葬に儀式に結びついてきた。山陰地方では出雲に鷺大明神があり、因幡で兎と鷺を祀っている。兎と鷺はともに月の使いと考えられてきた。神と人をつなぐ鳥として鷺を見てきたことも、この神事に深く関係しているだろう。

祇園祭…京都府京都市、前祭17日・後祭24日
曳山祭り（浅小井祇園祭）…滋賀県近江八幡市浅小井、7月第3土曜・日曜日
会津田島祇園祭…福島県南会津町田島、7月22日から24日の3日間
浜崎祇園祭…佐賀県唐津市浜崎、7月第4土曜・日曜日
小友祇園山笠…佐賀県唐津市呼子町、旧暦6月14日・15日
津和野祇園祭　鷺舞神事…島根県津和野町、7月20日と27日

第6章　海路がつなぐ北の祭り

上方文化、北国に伝わる

江戸時代には、日本海や北海道の港から江戸や大坂へむけて、米や海産物などが船で運ばれた。なかでも北陸以北の日本海沿岸諸港から下関をへて、瀬戸内海をとおって大坂へむかう西廻り航路を、北前船と呼んだ。

なぜ太平洋側ではなく、日本海側の海路が栄えたのか。ひとつの大きな要因は海流にあるだろう。太平洋側の黒潮はきわめて強い流れのため、エンジンのない当時の船では危険が大きかった。下手をすれば太平洋に流されて、漂流してしまうのである。それに比べて、瀬戸内海から日本海を進む航路は安全だった。こうして北前船がいきかうようになり、北陸以北の日本海沿岸に、華やかで活気に満ちた港町が生まれていった。

はじまりは、蝦夷《えぞ》の松前藩と近江商人との取引である。近江商人の船には、越前・加賀・能登といった北陸の船乗りたちが多かった。やがてこの船乗りたちのなかに、船主となるものがあらわれてくる。船の大きさも初期のころは幕府の大型船建造禁止令のために、二百石からせいぜい四百石積み程度だった。ところが、江戸後期には規制も緩和されて、大型の千石船が航行するようになる。最盛期には数百という数の船が日本海をいききしていた。

物が動けば、人が動き、文化が伝わる。町や家の造り、家具調度など、上方文化を思わせるものが北陸あたりに多く見られるのは、そのためである。逆に、身欠き鰊《にしん》や昆布巻きが北からもたらされ、ハレの日の馳走として各地に広まった。もちろんそれは、祭りの形式や祭具にもおよんでいる。

たとえば能登のキリコ祭りは別名を「屏風まつり」という。祭りのあいだ、旧家や老舗が祭壇をつくり、美術品や調度類を飾って公開する。京都の祇園祭でおこなわれる「屏風祭」によく似たスタイルである。提灯を飾りつけた祭りが、日本海側に多く分布していることも、海路をつうじてたがいに影響しあった名残りかもしれない。

5月に能登の石川県七尾市で開かれる青柏祭には「でか山」と呼ばれる巨大な山車がでる。高さ12メートルにおよび、曳山としては国内最大級。船を模したそのかたちは、北前船を表現しているともいわれる。同じく5月に福井県坂井市の三国祭も、北前船で三国湊が栄えたころに隆盛し、最盛期には高さ10メートルを超えるような武者人形で山車を飾った。

北に目を移せば、青森県の鰺ヶ沢白八幡宮大祭もまた、京都の祇園祭の流れをくむ祭りで、神輿行列の衣装などに平安の貴族文化が色濃く反映されている。しずしずと進む行列のうしろには、人形を飾った各町の山車がつづく。4年に1度、夏の盆の時期に開催されるものだ。

そもそも奥津軽と呼ばれる青森県西北部は、古代より栄えた土地である。司馬遼太郎が「北のまほ（真秀）ろ場」という最上級をあらわす古語でそれを表現している。古くは十三湊が栄えたが、中世末期に衰退。これにかわって鰺ヶ沢湊が米の集積地として台頭し、江戸時代になると津軽藩の海の玄関口となった。当然のことながら鰺ヶ沢は北前船の寄港地としてにぎわった。その名残として、湊に近い白八幡宮には、当時の船主が奉納した船絵馬が残されている。風をはらんで帆をふくらませた北前船が描かれた絵馬である。

この章では、日本海を航海した人々の足跡を、祭りというフィルターをとおして眺めてみたい。

勇壮優美な能登のキリコ

能登では数多くのキリコ祭りが開かれている。その数は200近くにものぼる。なかでも、もっとも勇壮華美とされるのが石崎《いっさき》奉燈祭である。奉燈というのは灯籠を大きくした山車《だし》のことで、神輿の供として担ぎだされる。キリコあるいは切子灯籠と呼ばれることもある。石川県七尾市にある石崎八幡神社の夏の祭礼だ。

祭りの日は、7つの地区がそれぞれ大・小の奉燈（キリコ）を繰りだす。大奉燈は重さ約2トン、高さ13メートル前後におよび、かたちは縦に長い四角で。建物にすれば4階建てのビルほどもある。この大きさは数あるキリコ祭りのなかでも最大級である。しかも、巨大な奉燈には車輪がない。そのため、100人前後の男たちがこれを担いで動かさなければならない。

能登のキリコはおおむね高さ5メートルまでのものが多いが、なかには大型のキリコもある。時系列で見ると、これらは江戸時代後期に巨大化していった様子がうかがえる。同時期に青森のねぶたや秋田の竿燈などもその傾向を強くしていることから、北前船による経済効果が大きく影響していると思われる。

石崎町はむかし気質の残る漁師町で、祭りもその気風を映している。男たちはねじり鉢巻きに法被、地下足袋といういでたちで、家の軒をかすめるようにしてこの巨大な奉燈を担ぎ回す。太鼓や笛、鉦の音にまじって、「サッカサイ、サカサッサイ、イヤサカサー」という威勢のいい掛け声が町に響きわたる。

大奉燈の正面には縁起のよい漢字3文字が墨で縦書きされ、裏面には勇壮な武者絵や滑稽味のある鳥羽絵が描かれている。それらが勢いよく進む様は、さながら大漁船のようでもある。

夕刻にはすべての奉燈が御旅所のある堂前広場に集まり、ここで大漁祈願の神事がいとなまれる。これに前後して奉燈の乱舞競演が披露される。日が落ちて暗くなると奉燈に灯がともされ、墨字や武者絵が闇のなかに浮かびあがってくる。幻想的な雰囲気のなかで花火が打ち上げられ、祭りの熱気が最高潮に達し、奉燈の乱舞は深夜までつづく。

囃子衆は奉燈のたもとに乗せられるが、そのうち笛と鉦は女装した少年が担当する。昭和初期までは、担ぎ手のなかにも女装や仮装をする男たちがいた。ハレの日に派手さを好んだためといわれるが、厄除けもしくは迎神の余興というような意味があったとも考えられる。
輪島市の奥津《おきつ》比咩《ひめ》神社大祭では、祭神が女神ということから、神輿を担ぐ男衆が化粧をして、腰巻きを身につけ女装するという例もある。志賀町の西海祭では、女衆がキリコを担ぐ。これは男たちが長い漁にでて不在のため、女たちがかわってキリコを担ぐという風習が生まれたようだ。春の西伊豆には、大瀬まつりという大瀬神社の例大祭がある。ここでも男たちが女装し、漁船のうえで踊りを披露する。この神社の祭神が男神のため、一説では女のふりをした座興で愉しんでもらおうとしたのだという。

そもそも石崎奉燈祭は京都の祇園祭の流れをくんだもので、かつては祇園系の山車をだしていた。ところが、むかしの石崎は火事が多く、当時おこなわれていた石崎八幡神社の納涼祭は、何度も火事に見舞われた。そこで、網すき（漁の網を縫う縫う職人、網大工）の口添えによって、1889（明治22）年に奥能登の宇出津《うしつ》から古いキリコを譲り受け、これを山車のかわりとして奉燈祭が生まれた。それ以降は、火事の被害を受けることがなくなったという。

簡素なキリコとあばれ神輿

もうすこし能登の話をつづけよう。

能登半島は祭りの宝庫といわれる。なかでも夏場を中心としたキリコ祭りは、規模や数からいってこの地を代表するものだ。その先陣を切るのが、能登町宇出津のあばれ祭りである。その名のとおり勇壮さや荒々しさでは、数あるキリコ祭りのなかで随一といえるだろう。

この祭りは、宇出津湾をはさんで東西に建つ白山神社と酒垂神社の宮司や氏子らが、八坂神社の祭礼に奉仕するというかたちをとる。白山、酒垂の両神社の氏子が担ぐ八坂神社の神輿2台と、各町のキリコ40基あまりが宇出津の町を練り歩く。キリコの高さは7メートルほどで、あまり飾りけのない意匠がかえって能登の漁港の風情をかもしている。

神輿は「チョウサ、チョウサ」の掛け声、キリコは「サカヨッセ、ソレッ」などの掛け声によって担がれる。その際、肩あてとして小型の座布団をはさむのだが、さまざまなその色あいが祭りに彩りをそえる。さらに、八坂太鼓と鉦の音が、祭りの場を独特の雰囲気につつんでいく。

初日の夜、能登町庁舎まえの宇出津港いやさか広場には、8本の大たいまつがならぶ。つぎつぎと広場にはいってきたキリコが、燃え盛るたいまつの火の粉を浴びながら乱舞する。キリコには多くの子どもたちが乗り、鉦や太鼓の音が響き渡る。2基の神輿は海や川、さらに火のなかに投げこまれ、夜がふけるにつれて祭りのボルテージはあがっていく。

2日目は、2基の神輿がキリコに囲まれながら町内を巡行する。そのあと八坂神社にむかうが、その道中、神輿は地面に叩きつけられたり、海に落とされたり、たいまつの火に投じられたりする。手荒く扱われた神輿は、神社に着くころにはすでにボロボロに壊れた状態だ。しかし、これではおわらない。

夜になると花火を合図に、神輿はさらに梶川橋から川に投じられる。これを追うように、担ぎ手たちもつぎつぎ川に飛びこみ、神輿に乗ったり転がしたりと暴れ回る。やがて引きあげられた神輿は八坂神社へとむかい、神社のまえでも火に投じられたり、地面に叩きつけられたりする。そのあとようやく拝殿に運びこまれると、祝詞と神酒を受けて奉納されることになる。

祭りの儀式や行事の進行をとおして、人々は非日常の世界にはいりこんでいく。この過程をへることで、神の領域に意識をチューニングしていく。つまり、一連の流れは神とのコミュニケーションを目的としたものだ。そのための儀式であり演出である。激しい祭りでは、クライマックスに近づくにつれ、ある種のトランス状態が生まれ、ふたつの世界の境界がぼやけてくる。そうなることで、神と人の交通が可能になるのである。

祭りの起源をたどれば約350年前、この地に疫病が流行し多くの死者をだした。そこで、悪疫を祓うために京都の八坂神社から牛頭《ごず》天王を招いて、盛大な祭礼をもよおしたという。その際、神霊が青い蜂に化身して、病人をつぎつぎ針で刺したところ、たちまち疫病が治まっていった。これを喜んだ人々はキリコを担ぎ、創建されたばかりの八坂神社に詣でた。これが、キリコ祭りのはじまりとされる。八坂神社に祀られた神は荒事を好むために、祭りも荒々しいものになっていったといわれている。

新潟市秋葉区にも荒ぶる祭りがあって、これも京都と縁がある。小須戸喧嘩燈籠まつりがそれだ。小須戸の町は信濃川のほとりに位置し、新潟と長岡を結ぶ水運の拠点でもあった。江戸初期、この地の豪商米沢屋（吉田家）が京都で祇園祭の燈籠（山車）を目にし、小須戸にこれをもちこんだといわれる。当初は燈籠を押して町を練り歩いていたが、やがて京都から人形師を招き、燈籠のなかに人形を飾って各町が華美さを競うようになった。その競いあいが、喧嘩祭りに発展したようだ。

燈籠は竹組・梅組・松組・桜組の4基。町を巡行する際は人形をとりはずす。祭りが山場になると、燈籠を地面においた状態でぶつけあう。むかしは担いだままぶつけたという。ぶつかりあった燈籠はひしゃげ、男衆がそのうえに駆けあがり、もみあい、喧嘩は激しさを増す。この喧嘩燈籠を地元では華と呼んだりもする。そこに人々の思いがにじむ。

たてもんと漁師町の熱気

富山湾に面した魚津は、蜃気楼の見える町として知られる。この町でじゃんとこい魚津まつりが繰り広げられる。1日目は豪快で勇壮なたてもん祭り、2日目はたてもん祭りと海上大花火大会、3日目はせり込み蝶六流しがもよおされ、北陸の夏を彩る。

〈たてもん〉とは、高さ15メートルを超える柱に、90余りの提灯を三角形の帆型につるした山車だ。これは漁船をあらわしている。祭りでは7台が繰りだされ、法被姿の若者たちが威勢よく引き回す。北前船との直接的なつながりを示すものはないが、日本海の豊かさと船の文化を伝える祭りであることはたしかだ。

せり込み蝶六というのはこの地で歌い継がれてきた民謡のことで、唄や演奏にあわせて3000人以上が中心市街地を踊り流す。祭りの名前にもなった「じゃんとこい」は、この民謡の囃子ことばである。

江戸時代のはじめころ、盆踊りに〈口説き〉というものが生まれた。口説きとは民謡の音頭とりのことで、この地方では浄土真宗の仏語に越後の瞽女唄がいり混じって節がつき、民謡化していったという説がある。中部地方は浄土真宗の信者が多く、なかでも越中富山はその代表といえる地域だ。そのため盆踊りや念仏踊りなどの際には「念仏唄」が歌われてきた経緯がある。

じゃんとこい魚津まつりの歴史は、古いものではない。1970（昭和45）年に第1回「魚津観光まつり」が開催され、これに諏訪神社の夏季祭礼「たてもん祭り」が組みいれられていった。たてもん祭り自体は、江戸時代中期の享保年間（1716-35）にまでさかのぼることができ、当時からすでに台のうえに提灯を吊るして担ぎ回していたといわれる。その後、提灯の数がしだいに増え、明治時代になると25張、大正のはじめには50張程度になったという。

船の帆に似せた〈たてもん〉は祭礼の象徴であり、これ自体が神への捧《ささ》げものというかたちをとっている。たてもんの最上部には鉾留《ほこどめ》として六角の行燈《あんどん》をすえ、そこから割り竹でできた「しだれ」と呼ばれる8本の長い髯籠《ひげご》を垂らす。髯籠とは、竹や針金を編みこんでつくるカゴのことで、編み残した端は猫のヒゲのように見える。これを旗竿などの先につけて、神の依り代とし、魔除けの役割を担わせている。

魚津にはかつて城があったが、江戸初期に廃城となった。海に面した町とあって江戸時代はおもに沿岸部での漁をおこなっていた。船の守護神を祀るという習わしも、この地に古くからあったことだろう。漁業は明治以降、沖合い、遠洋と広がりをみせる。富山湾ではとりわけカゴ漁が盛んで、それが祭具の鬢籠にも関係しているだろう。昭和中期になると、この地で北洋サケマス漁などの遠洋漁業がピークを迎える。こうした歴史を見れば、海とつながった魚津の姿を象徴的に映しとったものとして、じゃんとこい魚津まつりの姿が浮かびあがってくる。

揺れる竿燈、稲穂の実り

場所を東北に移そう。秋田竿燈まつりは米どころ秋田の夏を彩る伝統行事で、青森ねぶた、仙台七夕とともに東北三大祭りといわれる。

祭りの日は日暮れとともに、提灯のあかりが大通りを埋めつくす。太鼓や笛の音が響きわたり、200本を超える竿燈《かんとう》が右へ左へゆっさゆっさと揺れ動く様は、黄金色に実った稲穂さながらだ。竿燈は長い竿《さお》を軸に竹を横組みにし、そこに多くの提灯を吊るしたものだ。連なる提灯は米俵をあらわすという。

竿燈には「幼若」「小若」「中若」「大若」がある。もっとも大きな「大若」になると、9段の横竹に46個の提灯がつるされ、高さ約12メートル、重さは50キロにも達する。この重さに耐えられるよう、竿燈の背骨となる長竿はすべて太さや厚さなど、厳しい条件に適合した国産竹のみが使用される。これは300本に1本しかないという希少なものだ。硬さとしなやかさをもたせるために、採取した竹は2、3年寝かせたあとにつかう。

祭りの起源は、江戸時代中期の宝暦年間（1751–64）と伝えられる。そもそもは七夕行事「ねぶり流し」がもとだったが、「外町《とまち》」と呼ばれる町人町に暮らす商人や職人たちがこれに手を加えた。

江戸時代は久保田藩（秋田藩）がこの地を治めていた。雄物川の河口にある土崎港《つちざきみなと》は、新潟や酒田にならぶ日本海の代表港で、藩の物流に大きく貢献した。しかも藩内には鉱山があり、木材にも恵まれていた。ところが4年に1度という頻度で凶作に襲われ、藩財政はかならずしも豊かではなかった。祭りが起こったとされる宝暦年間には、藩札を発行して財政危機を脱しようとしている。藩が銀札と呼ばれる紙幣を発行（銀札仕法）し、これによって銀を買いあげ、藩財政の立て直しを図ろうとしたわけである。

ところが、結果として銀札は大暴落し、かえって物価高騰という事態を招くことになってしまった。こういう時代に祭りがはじまったとすれば、庶民の鬱憤を転化させようという藩の思惑があったとも考えられる。

夏が短い東北にあっては、七夕と盆行事をいっしょにすることはめずらしくない。当時は盆の時期に高灯籠を門前に立てていたが、やがてこれをかかえて町を練り歩くようになった。当初2個だった灯籠は競うように数を増やし、男たちの力比べの舞台となっていったようだ。「竿燈」の名がついたのは1881（明治14）年のこと。天皇巡幸の際、秋田市から県にだされた伺い書につかわれたのがはじまりとされる。

竿燈のあかりは、いまもすべてろうそくの炎がつかわれる。昼間は竿燈をもつ差し手が、流し・

平手・額・肩・腰といった妙技を競い、祭りに花を添える。「力四分に技六分」といわれ、もつだけでその訓練に1年を要し、一人前になるには3年から5年かかり、その先は際限がないという。

ねぶたを流す青森の夏

漢字で表記すれば「佞武多」。これを青森市や下北地方では「ねぶた」、弘前市周辺の津軽地方では「ねぷた」と呼んでいる。青森の短い夏を彩る祭りで、「ラッセ、ラッセ　ラッセ、ラッセラ」の豪快な掛け声とともに、20を超える団体のねぶたが登場する。白足袋の跳人《はねと》や笛太鼓の囃子方とともに、勇ましく華やかに町を練り歩く。まさに民衆の大行進といった趣だ。都市部の豪華なものもいいが、小さな集落から夏の田のなかをねぶたがやってくる光景もまた、風土に深く根づいた姿として印象に残る。

ねぶたとは、大型の張りぼての人形をさす。最大サイズは幅約9メートル、高さ約5メートル、奥行き約7メートルに達し、かなりの大きさである。図柄のモチーフとなるのは、神話や伝説をはじめ、戦国時代の武将、中国の英雄、歌舞伎、神仏のほか、金魚ねぶたなど津軽地方の伝統をしのばせるものもある。いずれもねぶた師たちが独自につくりあげたものだ。朝日新聞「withnews」の記事（2017.8.25）によれば、金魚ねぶたは北前船によって山口県柳井市に伝えられ、柳井金魚ちょうちん祭りにつながったとしている。

祭り最終日には、ゆく夏を惜しむかのようなねぶたの海上運行がある。灯籠のあかりをともしたねぶたが船に乗せられ、真っ暗な海を進んでいく。寂しげなその姿が美しい。ねぶたを水に流すという風習が古くからあって、弘前では岩木川でこれをおこなう。

では、ねぶたによって、いったいなにを流すのか。

柳田国男は『眠流し考』で、それは睡魔だとしている。むかしの農耕生活では熟睡を忌み嫌い、正体なく寝こんでしまうのは睡魔の仕業だと考えた。戒めの意味もこめ、これを水に流して熟睡を遠ざけたという解釈である。いっぽうで、眠りを病臥ととらえ、これを払うという考え方もある。その妥当性はひとまずおくとして、祭りの進行を見れば、神霊や祖霊を迎えもてなし、送りだすことが根底にあると考えられる。すなわち禊祓《みそぎはらい》の流れをくんでいる。秋田の竿燈も昭和以前はねぶり流しと呼ばれた。富山県滑川市でも夏に、大たいまつに紙や野菜でつくった人形《ひとがた》を飾りつけ、筏《いかだ》を組んで海に流すネブタ流しがおこなわれている。

祭りの起源には諸説あるが、1200年余りむかしに坂上田村麻呂が京の都から蝦夷征伐に派遣されたときの話に、ひとつの要因を求めることができる。それによると、討伐軍は巨大な人形のなかに兵士を隠して、音を鳴らしながら練り歩き、敵を欺く戦術をつかったという。まるでトロイの木馬を思わせる伝説である。弘前のものを「進軍ねぷた」、青森を「凱旋ねぶた」と呼んだのはその名残だろう。

近世のエピソードでは、津軽藩の始祖・為信が京に滞在していた1593（文禄2）年、盂蘭盆会で諸国大名が出し物を競う行事があった。その際に、家臣の服部長内が二間四方（3・6メートル四方）の巨大提灯を思いついて、これを披露し大変な評判を呼んだという。為信は卍の旗頭で津軽を平定し、秀吉に謁見したという記録もある。それらを考慮すれば、巨大灯籠はまんざらつくり話でもないだろう。こうしたむかし話が七夕祭りの灯籠流しなどをとりこみながら、かたちを整えていったと考えられる。

江戸中期の享保年間（1716-35）には、弘前のねぷた祭を真似て、油川町付近で灯籠を手に踊ったという記録も残されている。いまも青森県内だけで、40を超える地域でこれに類する祭りがある。弘前ねぷたは80台以上が参加し、その大半が扇型。子どもたちがこれを引く。五所川原立佞武多は大型が3基で、高さは最大で20メートルを超える。中型小型をあわせると15台前後が祭りに出陣する。

青柏祭…石川県七尾市、5月3日から5日
三国祭…福井県坂井市、5月19日から21日
鰺ヶ沢白八幡宮大祭…青森県鰺ヶ沢、8月14日から16日
石崎奉燈祭…石川県七尾市石崎町、8月第1土曜日
あばれ祭り…石川県能登町宇出津、7月第1金曜・土曜日
小須戸喧嘩燈籠まつり…新潟市秋葉区小須戸、8月25日
じゃんとこい魚津まつり…富山県魚津市、8月第1金曜日から日曜日

秋田竿燈まつり…秋田県秋田市、8月3日から6日
青森ねぶた祭…青森県青森市、8月2日から7日
滑川のネブタ流し…富山県滑川市、7月31日

第7章　死霊たちとともに踊る夜

陶酔を呼びこむ狂おしい踊り

死をけがれとして見る思想は、死穢《しえ》という言葉にあらわれている。しかもそれは伝染すると考えられてきた。大化の薄葬令《はくそうれい》（６４６年）は殉死や副葬品などを禁止するとともに、決まった場所で埋葬することを定めた。そこにはすでに死穢の意識がみられる。日本では一般に死者の魂を精霊と呼び、死後まもないものを死霊とした。生者の個性がそこに残り、それがけがれにつながると考えたのである。盆はこうした精霊や死霊を供養する儀式として受け継がれてきた。

この時季におこなわれる盆踊りの多くは、やぐらを中心に輪を描くようにして踊られる。これは人だけで踊っているのではなく、異界からやってきた精霊や死霊とともに踊っているのだ。この踊りはもてなしであり、魂鎮《たましず》めの意味をもつ。同時に踊りの渦によって、この世を攪乱し、淀みに流れを呼びこんで、浄化再生をうながしているのである。輪踊りの中心には「中踊り」があり、かつては神霊や祖霊の依り代となる笠や造り物をおいた。音頭とりが中心に立つようになったのちも、笠や臼《うす》などの依り代が併置されることが多かった。

輪踊りとちがって、一方向に進んだまま戻ってこない行進型もある。阿波おどりやおわら風の盆などがその典型である。このほか、列を組んで踊るが行進はしない列踊り型、沖縄のカチャーシーなど集団としての形態をもたない乱舞型がある。

歴史に目を移せば、輪を描く盆踊りの源流を、鎌倉末期の一遍上人による念仏踊りだとする見方がある。あるいは、僧たちが念仏を唱えながら阿弥陀仏の周囲をぐるぐる回る常行三昧《じょうぎょうざんまい》との関係を指摘する説もある。修行ということだ。ただし輪踊りの形態そのものは、日本はもとより世界各地で見ることができる。ある種の陶酔を呼びこむということだろう。

岩手県遠野市では、盆のころになると、トオロギと呼ばれる旗を高く掲げて、死者の霊を迎える。旗には2つの色があって、白は男性、赤は女性か子どもの霊を招くものだ。附馬牛《つきもうし》地区では盆の最後の日に、しし踊りが町内を練り歩く。踊り手は角《つの》をもった異形の面をかぶり、白いたてがみをつけた勇壮ないでたちだ。トオロギを揚げている家があれば、庭先に立ち寄って「位牌誉《いはいぼ》め」をおこなう。縁側おかれた遺影と位牌をまえに、独特の舞いを披露するのである。旋回のたびにたてがみが風になびき、その姿はどこか狂おしいものがある。

踊りは本質的に狂乱の要素を秘めている。古代ギリシアの密儀宗教に、オルギア（orgia）と呼ばれるディオニュソス的儀式があった。生肉食と乱飲、さらに乱舞よって忘我状態におちいるのである。やがてこの儀式はオルギーという言葉として定着し、陶酔による神霊との非言語的コミュニケーションをさすようになった。19世紀に起こったアメリカ・インディアンのゴーストダンス、同時期に日本で流行したええじゃないか騒動、あるいは盆踊りの源流ともされる中世の踊念仏にも、オルギーによる混沌としたエネルギーを見ることができる。

明治時代になると、「盆踊り禁止令」がだされる。盆踊りの夜は、性的なまじわりが横行していたためだ。近代国家をめざす明治政府にとっては、それが目にあまり、風紀を引き締める必要があった。詩情あふれる盆踊りが多いのは、男女のまじわりや陶酔が深く関係しているからだろう。まずは九州に残る華麗な踊りから見ていこう。

紙灯籠を頭にのせて

熊本県北部の山鹿市は、情緒豊かな町並みを残し、市街地には温泉が湧きだしている。山鹿灯籠まつりはこの町にある大宮神社の例祭で、山鹿灯籠と呼ばれる祭具にユニークさがある。

この灯籠は、手すきの和紙と少量の糊《のり》だけをつかい、灯籠師と呼ばれる職人によってていねいにつくりあげられる。女衆が頭にのせるのは、金灯籠《かなとうろう》と呼ばれる様式のもので、金・銀の紙だけでつくられる。ほかにも宮造り灯籠、座敷造り灯籠、人形灯籠、古式灯籠など、さまざまな種類がある。その繊細で優雅な様は、紙工芸の極致とまでいわれるほどだ。

祭りでは、初日の午後、町内各所に灯籠が展示される。日が暮れたのち、大宮神社で灯籠踊りが奉納され、菊池川の河川敷では花火大会が開かれる。２日目はおまつり広場で灯籠踊り。菊池川河畔では景行天皇の奉迎儀式がもよおされ、たいまつ行列がおこなわれる。

最大の見どころは、女衆がそろいの浴衣を着て、金灯籠を頭にのせて踊る「千人灯籠踊り」である。あでやかであり、そこに詩情が漂う。踊り手たちは「よへほ節」の調べにあわせ、やぐらを中心にいく重にも輪をつくりながら舞い踊る。盆踊りに典型的な輪踊りで、薄闇のなかに揺れ動く灯籠の灯が渦をつくる。この世と異界がいり乱れ、ノスタルジックな幻想美をかもしだす。この千人灯籠踊りは2日目の夜、山鹿小学校グラウンドを舞台に2部制で実施される。

よへほ節について、すこしふれておこう。この唄は、明治時代初期に歌われはじめたようだ。当時の歌詞は男女の逢瀬を歌ったもので、ありていにいえば夜這いの唄だった。民謡というより俗謡に分類される三味線唄である。これを湯の町・山鹿を象徴する唄にしようと、1933(昭和8)年に野口雨情に依頼して、現在の歌詞が生まれた。「よへほ」とは囃子のことで、「よへ」は酔え、「ほ」は肥後弁で相手の気をひく感動詞だとする解釈もある。

さて、踊りがおわると、夜更けの町に男衆の掛け声が聞こえてくる。町内に飾られていた灯籠が、男衆の手でつぎつぎと神社に担ぎこまれるのである。「上り灯籠」と呼ばれるこの儀式をもって、祭りは幕を閉じることになる。

これらの灯籠は祭りのあと、大宮公園にならべて展示される。その後、神社の灯籠殿に収蔵され、翌年の祭りまで引きつづき展示される しかし、翌年の祭りでつかわれることはなく、新しい灯籠がまたつくられる。灯籠師は毎年4月の灯籠制作開始祭という神事で清祓を受け、本格的な制作にかかることになる。灯籠づくりには高度な技術が必要とされ、一人前になるには10年以上かかるとされる。

一説では、『古事記』『日本書紀』に記された景行天皇が祭りの起源に関係しているという。天皇一行が濃い霧に行く手をはばまれたとき、山鹿の里人がたいまつを掲げて一行を迎えた。これが灯籠の奉納につながった。また別の説では、室町時代中期に山鹿の温泉が枯れたとき、山鹿金剛乗寺の住職だった宥明が、祈祷によってこれを復活させた。宥明の死後、その功をたたえて灯籠を奉納するようになったと伝えられる。

水の郷、奥美濃の盆踊り

長良川の上流にある岐阜県郡上市《ぐじょうし》八幡町《はちまんちょう》には、宗祇水と呼ばれる清冽な水が湧きでている。雨の豊かな土地で、それがこの旧城下町に独特の風情をもたらしている。この地で、毎年7月中旬から9月上旬まで32夜にわたる日本一のロングラン盆おどりがおこなわれる。「郡上おどり」の名で知られ、会場はひと晩に1カ所ずつ、ひと夏で市街地を一巡する。

とりわけ盆の8月13日から16日までの4日間は、徹夜おどりが繰り広げられる。東の空が白んでくる明け方、唄い手と踊り手の息があって、この祭りならではの幽玄な美しさが浮かびあがる。

踊りは全部で10種あって、種類の多さも郡上おどりの特徴だ。囃子手たちを乗せた屋形を中心に、踊り手たちは輪を描くようにして、時計回りで踊る。曲ごとにそれぞれ定まった踊りの型があるが、振り付けの基本は簡素だ。初心者でも見よう見真似で踊ることができる。踊りの装束は男女ともきまりはないが、浴衣に下駄履きというのがスタンダード。踊りの会場はむかしながらの神社境内のこともあれば、町なかの通りや広場のこともある。

４００年以上の伝統をもつとされる郡上おどりだが、ルーツは中世の念仏踊りや風流《ふりゅう》踊りにあるともいう。念仏踊りは、９世紀末に菅原道真が讃岐国司を務めた際に、雨乞い踊りとしてはじめたのが起源とされる。鎌倉時代になって法然が、この踊りを見ながら念仏のセリフを唱えるようにさせて、念仏踊りになった。その後、一遍がみずから念仏を唱えながら踊るようになり、これを踊念仏という。

いっぽうの風流踊りは、たんに風流といわれることもある。室町時代に流行した中世芸能のひとつで、基本的には集団で踊る群舞だった。華やかな衣装を身にまとい、ときに仮装するなどして、笛や太鼓、鉦などの囃子にあわせて歌い踊った。こうして疫病を祓《はら》うのである。正統舞楽とは趣きを異にするもので、疫神祭や念仏踊り、田楽などに起源をもつと考えられている。

こうした踊りをルーツとしながら、ようやく盆踊りとしてかたちが整ってくるのは、江戸時代になってからのことだ。奥美濃では、郡上藩初代藩主の遠藤慶隆が領民の親睦をはかるため、踊りを奨励したのがはじまりとする。別の説では、江戸中期の藩主青山幸道が奨励したともいう。これには歴史上の出来事が絡んでいる。幸道の前藩主だった金森頼錦の時代に、郡上一揆（宝暦騒動）と呼ばれる大規模な農民の抵抗運動が起こり、これが幕府高官を巻きこむ一大スキャンダルに発展した。青山幸道はその騒動の直後に、この地にやってきた。1758（宝暦8）年に宮津藩主から郡上藩主へと所替えになったのである。当然、騒動のことは知っていて、心穏やかではない。そこで、ぎくしゃくした領民の融和をはかろうと、盆踊りに目をつけたようだ。

いずれにせよ、身分の隔てなくだれもが踊りに参加できるというのが、成り立ちからのスタイルであったようだ。郡上おどりが「見る踊り」ではなく「踊る踊り」といわれるのは、その伝統を引き継いだものである。

郡上市には7つの地区があって、八幡町はそのひとつだ。市北西部には白鳥町《しろとりちょう》があり、ここでも夏季に20日あまりにわたって「白鳥おどり」がもよおされる。郡上おどりとならんで郡上二大踊りとされ、奥美濃の盆踊り文化圏を代表するものとして知られる。

ぞめきのリズムと阿波の夏

夏の徳島県では、8月9日の鳴門市を皮切りに、県内各地で阿波おどりが開催される。なかでも最大規模を誇るのが徳島市で、毎年8月12日から15日までの4日間、町は踊り一色に染まる。

期間中は夜ごと〈連〉と呼ばれる踊り手集団が登場する。「踊る阿呆に見る阿呆、同じ阿呆なら踊らにゃ損々」と歌われるように、路上や広場などで、自然発生的な「輪踊り」も出現。徳島市の中心街は、踊りの渦に巻きこまれる。

踊りにはいくつかの種類がある。数ある踊りのなかでもよく知られているのが「男踊り」と「女踊り」だ。男踊りは半纏（法被）を着て踊る「半纏踊り」と、浴衣のうしろの裾をまくって帯にはさんで踊る「浴衣踊り」がある。団扇《うちわ》や手ぬぐいなどをつかうことが多く、大きな振りで、ときに激しく、ときに滑稽に踊る。「女踊り」は、鳥追い笠を目深にかぶり、女物の浴衣を着て、下駄を履くのが特徴だ。独特の差し足で艶っぽく、上品に踊る。

このほか、ぞめきのリズムにあわせ、提灯を手に自由奔放に踊る「阿呆調」、腰を落とし擦り足で踊る「のんき調」、漁師が網をたぐるような振りの「娯茶平調」、空に舞うやっこ凧を表現した「やっこ踊り」など多様な踊りがある。

これらの踊りに欠かせないのが鳴り物である。つかわれる楽器はおもに鉦、笛、大太鼓、締太鼓、竹太鼓、三味線、鼓、大胴など。刻まれるリズムは「ぞめき」と呼ばれる独特の2拍子で、これにあわせて踊りが展開する。ぞめきとは、浮かれ騒ぐ、かき回すという意味である。

昼間は「選抜阿波おどり」が中心で、有名連による公演もおこなわれる。来場者約130万人という国内でも最大級の祭りだ。7つの演舞場のうち両国本町は最長の170メートルで、踊りは一方向に進む行進型で繰り広げられる。このほか路上や公園で「連」の輪踊りを見ることもできる。道路を踊り場とする盆踊りは全国で多く見られる。これは〈辻〉と呼ばれた十字路などを、異世界がまじわる不思議空間ととらえる考えが影響している。

起源は念仏踊りにあるともいわれるが、あきらかにはなっていない。徳島藩の藩祖である蜂須賀家政が1586（天正14）年にこの地にはいり、翌年に徳島城が落成。一説では、これを契機に踊りがはじまったとされる。また別の説では、阿波の戦国武将だった十河存保《そごうまさやす》が、1578（天正6）年に勝瑞《しょうずい》城（現在の藍住町にあった城）でもよおした風流《ふりゅう》踊りにその原型を求めている。この踊りの記録は、江戸時代にはいって1663（寛文3）年に書かれた軍記『三好記』のなかに残されている。

江戸時代後期になると、阿波藩は武士階級が阿波おどりに参加することを厳しく取り締まるようになった。踊りで興奮状態にある庶民との衝突を避けたためである。同時に、祭りをとおして、武士と町人が親しくなりすぎることを警戒した。それほど祭りは盛んになっていたともいえる。藍や塩で富をえた商人が増え、踊りそのものも豪華で洗練されたものなっていった。

阿波おどりの名で呼ばれるようになったのは昭和初期から。連が形成されはじめたのは戦後のことだった。現在、「エラヤッチャ、エラヤッチャ」の掛け声はおもに大手有名連がつかい、ほかでは「ヤットサー、ヤットサー」が多用されている。

亡者と踊る西の島、北の里

踊念仏によって遊行をつづけた一遍は、鎌倉時代の半ばころ、白石島のある備後（岡山県西部）を訪れている。時衆と呼ばれた一遍につきしたがう人々を連れての旅だった。踊念仏というのは、太鼓などを打ち鳴らしながら念仏や和讃（仏や菩薩の徳行をたたえる唄）を唱える。この形態の念仏唄が踊りにとりいれられ、古式ゆかしい盆踊りとして、この島に受け継がれてきた。これを白石踊りと呼んでいる。

白石島は白い花崗岩に恵まれた、瀬戸内海の小さな島だ。古墳などの遺跡もあり、古代から栄えたことをうかがわせる。笠岡諸島の20余りある島々のなかで、古いかたちのまま盆踊りが保存されているのはこの白石島だけである。

節回しはひとつだけだが、踊りは10種類を越える。その原形とされるのが「ぶらぶら踊り」と呼ばれるものだ。太鼓のリズムと唄にあわせ、全身をつかって流れるように踊る。基本は6つの動作からなり、滋賀の東近江で踊られる江州音頭と同じである。東京都心部でただひとつ残る佃島念仏踊りとの類似性も指摘される。いずれも輪の中心で太鼓と唄が音頭をとり、その周囲を踊り手たちが円を描きながら回る。

一説によれば、源氏と平氏が争った水島の合戦（1183年）ののち、討ち死にした武将たちの霊を鎮めるため、なんらかの儀式がはじまったという。近世になってそれが、盆踊りへとかたちを変えていった。

ぶらぶら踊りのほかに、男踊りや女踊り、奴《やっこ》踊り、傘踊りなどが踊られるが、足さばきはどれも同じだ。盆踊りに複数の型がある土地は多いが、この島では1つの曲にあわせて、それぞれが思い思いの踊りを踊る。振り付けも衣装も異なり、それらが同時に踊られるというユニークな盆踊りだ。多種の踊りが「変奏曲」ならば、その踊り方はさまざまな楽器をもちいて演奏される「アンサンブル」のようだ。口説きの歌詞は、最盛期60を超えたとされ、やや哀調をおびた旋律にまじって、明るい調子の囃子が色をそえる。

味わい深い盆踊りとして、秋田県羽後町に伝わる西馬音内《にしもない》盆踊りも忘れがたい。７００年もの伝統をもつとされ、テンポの速いにぎやかな囃子にあわせ、流れるような優美な踊りが披露される。踊りは「音頭」と「がんけ」にわけられ、とりわけがんけにはしみじみとした哀調がにじむ。

西馬音内では、踊りがはじまるのは日が暮れるころだ。寄せ太鼓の音を合図に、着飾った子どもたちが踊りはじめる。やがて祭りが佳境にはいってくると、半月型の編み笠をかぶり、あでやかな端縫《はぬ》い衣装をまとった踊り手が加わる。さらに、ひこさ頭巾で顔を隠した踊り手が、踊りの輪にはいってくる。ひこさ頭巾というのは、黒く長い布で顔から帯のあたりまでを隠したものだ。多くは女性の踊り手で、そのあやしげな姿は亡者を表現しているという。

盆の時季には、地獄に落ちて責め苦にあう亡者たちが、この世に戻ってくる。その亡者たちとともにひととき踊りの輪をつくり、供養するというのがこの踊りである。かがり火が揺れるなか、踊りは夜更けまでつづき、篠笛《しのぶえ》の高い響きに哀切さが漂う。

西馬音内盆踊りは、毛馬内《けまない》盆踊り、一日市《ひといち》盆踊りとともに秋田三大盆踊りといわれる。詩情あふれるゆったりとした踊り、あるいはからだに大太鼓をくりつけた囃子衆など、それぞれの祭りに特徴はあるが、いずれも北の国の短い夏を感じさせる哀調をともなっている。

陽気さ漂う北のよされ

東北地方には、よされ節という民謡が伝わっている。にぎやかな曲調に特徴があり、津軽三味線や太鼓などにあわせて歌われる。そもそもは江戸時代後期、19世紀の初めころに西日本の流行り唄が伝わったものだとされる。それがこの土地に根づき、熟成され、盆踊りのときの男女の恋の掛けあい唄として歌い継がれるようになった。

よしゃれ おかしゃれ その手は食わぬ
その手食うよな 野暮じゃない

というのがその歌詞で、恋の駆け引きが主題となっているのがよくわかる。とりわけ「黒石よされ節」は、古い節回しと同じ系統の7・7・7・5調で歌われ、囃子に鼓が加わる。

黒石よされはその名のとおり、よされという言葉をふくんでいる。〈よされ〉の意味は諸説ある。まずは「世去れ」の字をあて、凶作やひもじさの世は去れという解釈をしたもの。つぎに「余去れ」として、余（わたし）は去るがあとはよろしくという意味づけをしたものがある。ほかに「よしなさい」あるいは「寄ってきなされ」だとする説などが残っている。

祭りそのものは古い伝統をもち、毎年8月中旬（8月15日－20日）に、地元の人々はもちろん県内外の観光客が集まり、夜遅くまで踊りを楽しむ。踊りの基本は、廻り踊り、組踊り、流し踊りの3つから構成されている。廻り踊りは円を描くようにして見物客を巻きこみ、乱舞となっていく。組踊りは、町の近郊から集まってきた20人から30人規模の踊り組が、三味線や太鼓、唄にあわせて津軽民謡手踊りを披露する。流し踊りになると、踊り手総勢3000人規模の盛大なものとなっている。

黒石の町には「こみせ」と呼ばれる長い軒がある。歩道のうえを覆うアーケードだが、木造りの温もりがあり独特の情緒が漂う。この町で8月15日と16日の両日、流し踊りが披露される。踊りを支えるのが黒石よされや黒石甚句、黒石じょんがら、ドダレバチ（津軽甚句）である。このほか、数人の組踊りによる「手踊り」が繰り広げられる。

起源は三戸南部氏がこの地で勢力を誇った時代、500年前から600年前にまでさかのぼる。日本には古来から「歌垣」といって、男女共同の集会をおこない恋愛をうながす場が設けられた。そのときの唄が起こりとされる。やがてこの集まりが盆踊りに発展し、江戸後期の天明年間（1781–86）に黒石で盛んになった。これにはいきさつがある。

1783（天明3）年に大飢饉が東北を襲い、それが6年にもわたってつづくことになった。農業が疲弊すれば、藩の経済も衰える。なにか手を打つ必要があった。大飢饉のはじまった年、一代目境形右衛門という人物が家督を継いで、藩の家老になっている。城下町に活気をとり戻すために、形右衛門は物見興産ということを考えついた。いわゆる観光産業である。当時としては、かなり近代的な発想だといえる。これを実現するには、近在の農村から城下町に人を集めなくてはならない。その方策として形右衛門が目をつけたのが、盆踊りだった。

リズミカルで明るい節回しは黒石よされ節の特徴で、これに囃子が色をそえ、「エッチャホーエッチャホー」の掛け声がかかる。その陽気さは苦心の跡なのかもしれない。

早池峰しし踊り…岩手県遠野市附馬牛、8月半ば
郡上おどり…岐阜県郡上市、徹夜おどりは8月13日から16日
阿波おどり…徳島県徳島市、8月12日から15日
白石踊り…岡山県笠岡市（白石島）、8月13日から16日
西馬音内盆踊り…秋田県羽後町西馬音内、8月16日から18日
山鹿灯籠まつり…熊本県山鹿市、8月15・16日
黒石よされ…青森県黒石市、8月15日から20日

第8章　祭囃子が聞こえてくると

時空間を切りとる祭りの音

祭囃子には、じつに多種多様な楽曲がふくまれる。たんに囃子といえば能や歌舞伎などの舞台芸術で奏でられるものをふくむが、祭囃子にかぎれば各地の祭りとともに発展してきた独自の音楽をさす。正統な雅楽とは異なり、プロ奏者はほとんど存在せず、使用される楽器は和太鼓、鉦、横笛の3種が多い。

京都から広まった祇園囃子がこうした祭囃子の展開をうながしたとされ、この系譜ではとりわけ鉦の音が耳に残る。これに影響を受けた葛西囃子が関東では広く普及し、軽快で技巧的な曲調を特色としている。東北にいくと、三味線が加わった飾山《おやま》囃子や花輪囃子などがある。いっぽう、九州の小倉祇園囃子には笛がなく、北陸能登の御陣乗太鼓は太鼓のみになるなど、揺らぎをはらんで広がっていった。

祭囃子や掛け声は神霊や祖霊を迎え、もてなすためのものとされる。「囃す」という言葉は「映える」「栄える」と語源を同じくし、引き立てるという意味をもつ。しかし、失敗をはやし立てるというように、非難や嘲笑にもつかわれる。祭りでは、悪霊をしりぞけるという意味もかねそなえていたのだろう。

エリアス・カネッティは『群衆と権力』のなかで、リズムの起源は二本足の歩行にあると書いている。大地を踏みしめることにはじまり、それが集団となり、やがて手に棒きれや槍をもって獲物を追いつめる。その音の強弱はみずからを鼓舞し高揚させるとともに、ふたつの世界の衝突、すなわち死を内包したものでもある。祭りの音もそれと無関係ではないだろう。リズムには神経を、あるいは魂を麻痺させ、ひとつの方向に導いていく力がある。

このリズムを身体にとりこむことで、人は力をえようとしてきた。たとえば太鼓や鉦の音にあわせて足踏みすることを「踏み鎮《しず》め」と呼ぶが、これは古くから鎮魂や悪霊払いのまじないとされてきた。その一例を相撲に見ることができる。四股《しこ》とはもともと醜《しこ》であり、邪霊を意味した。したがって、四股を踏むとは邪霊を抑えこむことなのである。

さて、祭りの神は仮面神のように目に見える場合と、神輿に乗った神のように目には見えない場合がある。祭囃子はこうした神を迎え、一定の期間、一定の空間を非日常の舞台に変化させる。いうまでもなく宗教的な場所には領域があり、神社の鳥居や注連縄などは目に見えるかたちでそれを示している。いわゆる結界であり、大和言葉では端境《はざかい》あるいは境という。祭囃子も、音によってその領域を示す機能をもっていたのだろう。いわば目には見えない記号として、祭りのなかでその役割をはたしてきたのである。

古くから雷鳴や強風、海鳴り、火山の噴火といった自然現象がもたらす激しい音は、恐怖を感じさせるとともに、神聖なものと深いつながりがあると考えられてきた。祭囃子はそうした音を真似ながら発達したところがあるだろう。祭りというかぎられた時間と空間を、音によって日常から分節しているのである。この分節という概念は、祭りのもつ重要な機能である。これによって、日常に一撃をあたえるのである。

山あいにある越中八尾《やつお》では、切りとられたその姿が鮮やかだ。石畳にそった古い町並みにゆったりとした囃子が流れ、盆の祭りというかたちをくっきりと描きだしている。

情感漂う風鎮（しずめ）の夜

日が落ちると、ぼんぼりのともった古い町並みに踊り手たちが姿をみせる。女衆は浴衣に黒帯を締め、男衆は法被姿。踊り手たちは編み笠を目深にかぶり、無言のまま洗練された踊りを披露する。格子のある家々、白壁の土蔵、細い小道という景観が、祭りにいっそうの風情をそえる。そこに、唄と囃子による越中おわら節の、哀愁をおびた旋律が響く。

北陸に秋の訪れを告げる風の盆は、越中八尾《やつお》に暮らす人々が守り育んできた富山県を代表する祭りだ。本祭りは9月1日から3日にかけておこなわれ、旧町と呼ばれる地区などが11の団体をつくり、それぞれ個性豊かな演舞を繰り広げる。

踊りは、大きく3種類にわけられる。だれもが楽しめるむかしながらの豊年踊り（旧踊り）、農作業をもとにしたメリハリの効いた男踊り（かかし踊り）、蛍狩りを模した上品でたおやかな女踊り（四季の踊り）である。夜もふけて、夜流しがはじまると祭りは佳境にはいり、踊りは早朝までつづく。

おわら節では、伴奏と囃子は三味線、胡弓、太鼓によるものだが、胡弓がはいる民謡は稀である。瞽女の弾くこの楽器をとりいれたことがはじまりで、おわら節にいっそう哀切な響きをもたらしている。「合いの手」と呼ばれる間奏曲がはいるのもきわめてめずらしい。これは唄とは異なる旋律をもった曲で、歌詞は7・7・7・5の26音からなり、最後の5音のまえに「オワラ」の言葉がはいる。たとえばこんな調子だ。

雨戸押しあげ　空うち眺め
あの星あたりが　おわら　ぬしのそば

夜中にそっと雨戸を開けて星空を眺め、愛しい人を想うという内容である。やや甲高い声で歌われることが多いおわら節は、この歌詞からもわかるように恋の唄である。かつてはもっと野趣にあふれ、卑猥な言葉をまじえた歌詞だったが、昭和にはいって洋画家の小杉放庵が作詞し、舞踊家の若柳吉三郎が振り付けしたものが、いまに伝えられている。このときに胡弓もとりいれられた。粗野な踊りが洗練され、高雅な風情をたたえるようになったのである。

言い伝えによれば、おわらの起源は江戸時代にさかのぼる。八尾町は江戸初期の寛永年間（1624-45）に加賀藩の許可をえてつくられたのだが、それを証明する「町建御墨付文書」が町内のある商家に秘匿されたままになっていた。これを案じて江戸中期の元禄期、証文を町衆のもとにとり戻そうと、花見の宴に乗じてこれをもちだした。証文が無事に戻ったことを祝い、3日3晩踊り明かしたのが起こりとされる。

やがてこれが、雑節のひとつである二百十日《にひゃくとおか》の風の厄日に、風神鎮魂を願うという「風の盆」に姿を変え、町に伝わった。風神鎮魂は風鎮めともいわれ、この日、農村部では蓑《みの》をつけた村人たちが踊りながら集落を練り歩いたという話が残っている。町と農村、そのどちらかが祭りの直接の起源となったのか、それとも両者があわさったものなのか、そのあたりの詳細は不明である。

しばしば指摘されるように、風の盆という名前には不思議な情感がこもっている。この名前は、越中八尾が地形的に強い風の吹くところからきている。

日本海から立山連峰を越えて吹く風を、地元ではダシと呼んだりするが、これが古くから稲作に弊害をもたらすなど、深く風土に関係してきた。そのいっぽうで、養蚕業が盛んな地域にとって、この強風は風通しの良い蚕室をつくるうえでうってつけだった。しかも、カイコが食べる桑の葉を害虫から守る役目もはたした。風の盆という名前には、まさに風とともに生きてきたこの地の人々の来歴がこめられているのである。

以前は長野県岡谷市の盆踊りで、おわら節が踊られていたという話もある。これは明治期に製糸工場が集積していた岡谷に、越中八尾から多くの女工たちが働きにでていた名残である。道中の宿などでも、彼女たちによっておわら節が歌い踊られたといわれる。

夜叉や幽霊たちの陣太鼓

奥能登に伝わる御陣乗《ごじんじょう》太鼓は、その豪壮な太鼓の音とともに、おそろしい形相の鬼面で知られる。名舟大祭はこの御陣乗太鼓の発祥となった祭りだ。石川県名舟町に受け継がれてきた例大祭で、毎年7月31日と8月1日におこなわれる。御陣乗という名称は聞きなれないが、御神事を意味する「ゴジンジョ」という奥能登の言葉からきている。

祭りの舞台は、名舟海岸にある小さな湊が中心になる。岸から10メートルほど先の海には、小ぶりの鳥居が建てられていて、海岸の背後には急な石階段がある。その昇り口の左には「奥津姫神社」、右には「白山神社」の社標。階段のうえは境内で、そこに社殿がある。この神社は奥津比咩（おきつひめ）神社の末社で、本社は沖あい50キロにある舳倉島《へぐらじま》にある。この島に建っている本社から名舟町の産土神《うぶすながみ》を迎え、翌日に神送りするのがこの名舟大祭である。

31日の宵祭りでは、夜9時ごろ、灯りをともしたキリコ（奉燈）数基が各地区から出立する。海辺の神社に到着し、そこで神事をとりおこなったあと、神輿とともに名舟漁港にむかう。神輿は小舟に乗せられ、夜空に打ちあげられる花火のしたを海上の鳥居まで進んでいく。そこで舳倉島からやってきた神霊を迎え、海上渡御がいとなまれる。つづいて、かがり火が焚かれるなか、夜叉や幽霊などの鬼面をかぶった男衆によって、御陣乗太鼓の奉納打ちが披露される。神輿はこの夜、御仮屋で1泊する。

翌日は本祭り。神輿はふたたび海上を渡御し、鳥居から神送りがなされる。そのあと海辺の舞台で御陣乗太鼓の奉納打ちがある。これがおわると、太鼓山に先導されて、神輿は社殿に還御する。ここで祝詞が奏上され、祭りは幕を閉じる。

起源は1577（天正5）年、上杉謙信の能登侵略のときにあるという。名舟の古老は一計を案じ、村人たちに木の皮でつくった仮面をかぶらせ、頭に海草を乗せるなどして化身させた。そのおどろおどろしい姿で陣太鼓を打ち鳴らし、鍬や鎌、竹槍をもって上杉軍に奇襲をかけ撃退したという。これが御陣乗太鼓のはじまりとされる。

しかし、謙信の軍勢が奥能登の農兵にはばまれたとする文献はない。とすれば、厄払いと先祖供養のむかし話に、尾鰭《おひれ》がついたとも考えられる。史実は闇のなかだが、尋常ならざる太鼓の響きと仮面の形相からは、祭りをつうじて非日常を志向した村人たちの思いの強さを、じゅうぶんに感じとることができる。

露払いの意味をもつ御陣乗太鼓では、単衣《ひとえ》に荒縄をしめた裸足の男衆6人が、太鼓を打つ。夜叉、亡霊、女幽霊、達磨などの面をかぶった鬼たちである。鬼たちははじめのうちゆっくり、ついでやや早く、最後はもっとも早く太鼓を打ち切る。この序・破・急の3段階のリズムが繰り返され、打ち手はそれぞれの鬼の面相にあった見栄を切る。太鼓の伝承は、地元に生まれた者のみに許されている。門外不出の技だ。

鬼面は祭りの性格を決定づける大きな要素で、それぞれに意味がある。夜叉は鬼神であると同時に財宝神であり、仏法護持の神ともいわれる。女幽霊は悲しみに耐える能登の女を表現したもので、「泣き女」とも呼ばれる。爺は荒波と格闘する能登の漁師である。男幽霊は海で死んだ男の亡霊であり、「土左衛門」とも呼ばれている。達磨は仏として位置づけられ、どこかしら親しみのある表情だ。この達磨だけは頬かぶりに剃髪の態で、オレンジ色の衣装は僧侶の袈裟を思わせる。ほかの面は蓬髪《ほうはつ》をふり乱して太鼓を打つ。その姿はまるで荒れ狂う能登の波のようでもある。

異国的なジャンガラの響き

ポルトガルの南蛮船がはじめて平戸に来航したのは１５５０（天文19）年のことだった。同じ年にザビエルも平戸に来航し、布教活動をはじめる。その後、南蛮貿易でにぎわい、国内最先端の国際都市として光芒をはなった。しかし、江戸時代の鎖国政策とともにそれはおわりを告げ、歴史の表舞台から姿を消す。こじんまりしたその町並みからは、一時期の栄華をはかり知ることは困難だ。この地に、不思議な味わいをもつ祭りが残っている。平戸ジャンガラ念仏である。豊作祈願と雨乞いのための伝統行事で、先祖供養の盆踊りを兼ねているという。

そもそもは志々伎《しじき》神社の神田領民が、踊りを奉納したことにはじまるという。この地に古くから伝わる念仏踊りであるらしく、近世初頭の平戸イギリス商館などの記録によれば、戦国時代以前から受け継がれてきたとされる。このほか朝鮮半島から伝わったという説もあって、正確な起源はよくわかっていない。

江戸時代には歴代藩主の手厚い庇護を受け、藩の年中行事に組みこまれていた。当時は行事をおこなうにあたって城下組・下組・大下組の3つが組織され、旧暦7月18日に平戸城内と城下各所で踊りが奉納された。

現在は8月14日から18日にかけ、平戸市内9地区（平戸・中野・宝亀・紐差・根獅子・津吉・中津良・大志々伎・野子）で踊りが奉納されている。ただし、いまでは盆の供養という意味あいは薄れ、民俗芸能としての性質を強めている。

芸能のかたちとしては、円陣をつくって、鉦・鼓・笛の音にあわせて踊るというもの。その構成はそれぞれの組によって少しずつ異なるが、おおむね円陣のなかで踊る中踊（2人前後）を中心として、これを囲むように側打ち（10人前後）、笛（5人前後）、鉦（2人）からなる。このほかに幟《のぼり》持ち（10人前後）、さらに総代が加わる。浄土宗では檀家の代表を総代と呼ぶところから、この行事を仕切る役割の者をそう呼んだのだろう。

中踊と呼ばれる踊り手は、短い帷子《かたびら》を着て、菅笠《すげがさ》に紙花を飾り、縞《しま》模様の布で顔を隠している。腰には小さな太鼓をつけ、これを打ちながら跳ねるように踊る。かなりアクティブな踊りで、「ホナーゴ、ホミーデーデ」と掛け声がかかると、片足をまえにだして上半身をうしろにそらし、踊りに変化をつける。掛け声の意味は「穂長う、穂実でて」と解釈されているが、いちじるしく変化してきた念仏の語句だとする説もある。

同名の踊りが、福島県いわき市にも伝わっている。囃子は鉦と太鼓で早いリズムを刻むが、平戸に比べると踊り手の動きはやや小さい。あるいは朝鮮半島の伝統的旅芸人にナムサンダン（男寺党）があるが、そのリズムのとり方やからだの動かし方に似たところを感じたりもする。ナムサンダンは男だけで数十人の集団をつくり、農楽や仮面劇、軽業などを披露しながら半島各地をめぐった。ただしこれとジャンガラとを関連づける資料はない。

ジャンガラという言葉は不思議な響きをもっていて、漢字では「自安和楽」あるいは「自安神楽」などと表記される。平戸藩主を退いた松浦《まつら》清が静山の名をもちい、１８２１（文政４）年に執筆をはじめたという随筆集『甲子夜話《かっしやわ》』がある。このなかの「じゃんぐわら考」という一節には、「じゃん」は鉦《かね》の音、「ぐわら」は腰鼓を打つ音と記されている。北九州市の小倉祇園太鼓などでつかわれる楽器もジャンガラと呼ばれる。直径20センチほどの鉦で、演奏に重厚感をもたらし、九州北部で広く使用されている。

この平戸の地には、「ジャガタラ娘像」と名づけられた石像がある。江戸初期にキリスト教が禁止されたことで、外国人と関わった娘たち32人がバタビアに追放されたことを記憶にとどめるためのものだ。彼女たちが日本に送った手紙が『ジャガタラ文』として残っている。バタビアとは、植民地時代のインドネシアの首都の名で、いまのジャカルタだ。日本では当時から現地式に「ジャガタラ」と呼んでいた。ジャンガラと音の響きが近いが、たんに偶然なのか、その関連性はとくに言及されてはいない。

日本一やかましい囃子

石取祭では、山車《だし》を「祭車《さいしゃ》」と呼ぶ。その数43台と全国でも最大級の規模を誇る。祭車は数の多さだけではなく、その意匠も豪華で美しい。彫刻師によって緻密な細工がほどこされ、漆で丹念に仕上げがなされている。なかには高村光雲など歴史に名を残す彫刻師の作品も残っている。

古い祭車は、江戸時代のおわりに建造されたものだ。いずれも金具や天幕で飾りつけがなされ、祭車の上部には提灯12張を山型に吊るし、そのうえに行燈と御幣が飾られている。人形を乗せた祭車もある。これらを流麗なかたちの三輪に乗せ、町を練り回す。

祭りでは、この祭車に乗った囃子衆が、鉦と太鼓を激しく打ち鳴らす。その響きがなんとも騒々しく、轟音といってよいほどの大きさだ。「日本一やかましい祭り」との異名もあるほどで、その響きはある種の破壊を意図しているとさえ感じられる。祭りに見られるこうした過剰さは、変化のない「冷たい社会」の爆発を防ぐため、その代替行為として機能している面がある。

そのいっぽうで、祭典取締規則によって囃子を開始するタイミングなど詳細なきまりがある。これに反した場合は、翌年の祭りへの参加を禁じられるなど、きわめて厳しい罰則がある。もちろん囃子衆は闇雲に音を立てているわけではない。「石取コンクール」と呼ばれる石取祭ばやし優勝大会をつうじて、技量を高めている。審査の指標は技能・音量・態度にわかれ、各部門の優勝チームが決まる。

この祭りは三重県桑名市の春日神社を中心に繰り広げられ、毎年8月の第1日曜日を本楽、前日を試楽《しんがく》として開催される。試楽日の午前零時、神前神楽太鼓を合図に、各町内の祭車がいっせいに鉦と太鼓による「叩きだし」がはじまる。その後、朝御饌祭《あさみけさい》、夕御饌祭などの行事をへて、夕刻より祭車がつらなるようにして各町内を巡行する。

本楽日は、午前2時から叩きだしとなる。夕刻には春日神社への渡祭の準備がはじまる。すべての祭車が春日神社楼門まえで、順番に鉦と太鼓を打ち鳴らし参拝する儀式である。午後4時半になると花車（一番車）が引きだされ、6時半から渡祭がはじまる。ここからがいよいよ祭りの本番だ。日が落ちると祭車の灯火が闇に映え、そのなかで大太鼓などの勇壮な演奏が繰り広げられる。

この渡祭では、南並び（偶数年度）と北並び（奇数年度）が年ごとに変わっていく。個々の祭車の順番は、毎年6月はじめに御籤占式《みくじうらないしき》がおこなわれ、くじ引きによって決められることになる。

そもそも春日神社には、比与利祭と御車祭というふたつの大祭があった。比与利祭のなかのひとつの神事であったものが独立し、石取祭として盛んになったといわれる。また別の説では、流鏑馬《やぶさめ》神事でつかわれる馬場を修理するため、町屋川から石を運んだのがはじまりという。氏子たちは旧暦7月半ばころに毎日、川で石を拾い、これらを小さな車で神社に奉納した。起源の詳細は不明だが、いまも祭りでは献石神楽がおこなわれている。

石をめぐっては、古来よりこれを神の依り代とする信仰が日本各地にあった。石を神体とする神社も数多く存在する。古神道では岩への信仰を磐座《いわくら》と呼んだ。あるいは、神の降臨を仰ぐために特定の土地を石で囲ったり、石を標示物としたりすることで、神の依り代、すなわち御霊代《みたましろ》とする場合もある。石に神が宿るとするアニミズム（自然崇拝）の一種である。

話を、音にもどそう。カナダの作曲家レイモンド・マリー・シェイファーは「音の風景（soundscape）」という概念をつかって、聴くことが人間の五感や社会にあたえる影響を読み解こうとした。そのなかで産業革命以降の「音の壁（sound wall）」が人間を孤立させたとしている。身体機能を拡張した機械音や電気音は、以前の社会にはなかった騒音だ。にもかかわらず、〈許された音〉として認知され、社会に広がっていった。それらの音は共同体のあり方を変えていったのだ。

人々が経済ではなく宗教に生きた時代には、大聖堂のパイプオルガンや鐘の響きが、社会の精神をかたちづくる音だったのだろう。同様に、祭りの際の激しい音もまた許された音として、一定の期間、祭り空間に音の壁をつくっている。石取祭はそれを極端なまでに表現した演出といえる。

鉦と太鼓の叩きあい

梅雨明けのころ、愛宕八坂神社の例大祭である熊谷うちわ祭がおこなわれる。高温猛暑の記録で知られる埼玉県熊谷市の夏祭りである。京都の祇園祭の流れをくみ、その絢爛豪華な様子から、「関東一の祇園」と称されることもある。

初日は朝から神輿の渡御巡幸がいとなまれ、８町を巡る。各町からは白装束の若頭たちが神輿の供をし、途中4カ所で祈願祭がおこなわれる。夜になると、山車6台と屋台6台が熊谷囃子で擦り鉦や締め太鼓を激しく打ち鳴らす。「初叩きあい」と呼ばれるもので、祭りの見どころのひとつとなっている。

2日目は昼間に12台の山車と屋台が町を巡行する。夜になるとそれぞれの山車と屋台に灯がともされ、ふたたび町を巡行する。

3日目はそれぞれの山車や屋台が街角でいきあい、そのたびに「曳きあわせ」や「叩きあい」を繰り広げる。ねじり鉢巻きに揃いの法被姿の男たちが、締め太鼓や擦り鉦をにぎやかに打ち鳴らし、祭りは最高潮に達する。叩きあいは、第3章にあげた山あげ祭のブンヌキにも似た音の競いあいだ。山あげ祭に比べて囃子のテンポはゆるやかだが、鉦から響く金属的な音が特徴的である。熊谷うちわ祭と聞けば優雅な響きだが、勢いのある熊谷囃子の叩きあいや、山車や屋台の曳きあわせを目にすれば、なかなかの荒くれ祇園であることがわかる。

深夜12時になると、ようやく還御巡幸に移る。熊谷祇園会の若い男女が化粧直しされた神輿を担ぎ、掛け声をかけながら本宮へと帰っていく。こうして祭りは幕を閉じる。

そもそもは江戸時代中期の1750（寛延3）年に熊谷宿ではじまった夏祭りが、起こりとされる。それまでは寺社ごとにおこなわれていたものを、全町合同でひとつにまとめた。祭りはいったん衰退したものの、江戸後期の天保年間（1830-44）に復興した。このころから各商家が疫病除けの赤飯を客に振る舞うようになったとされる。

明治にはいって、手間のかかる赤飯のかわりに、料亭「泉州」が江戸日本橋の伊場仙より仕入れた渋うちわを客に配った。渋うちわとは、柿渋を塗った、丈夫で実用的なうちわをさす。これが評判となり、他の商店にも広がっていった。客は店で買ったものを籠《かご》にいれて背負い、その籠にたくさんのうちわを得意げにさしていたという。

祭りが現在のかたちになったのは、1933（昭和8）年の市制施行以降のことである。祭りがはじまったころから、祭事のとりまとめは6人の御用番が中心になっておこなわれてきた。その名残から、いまも「草分け六人衆」として家名入りの提灯が行宮に掲げられる。

そもそも愛宕八坂神社は京都祇園の八坂神社の末社で、明治の神仏分離以降はスサノオを祭神としている。歴史をたどれば、仏教が隆盛し神仏習合がおこなわれた際には、インドの祇園精舎の守護神とされた牛頭天王とスサノオが同一視されたという経緯がある。さらにいえば、中国では牛頭天王が道教系の武塔神と同一視されていた。『備後国風土記』は、この武塔神が蘇民将来に一夜の宿を借り、その礼として疫病を免れる茅の輪を授け、「我はスサノオノミコトである」と名乗ったと伝えている。

愛宕八坂神社にも、この祇園信仰が受け継がれている。そのため、うちわ祭りのことを祇園、天王様、あるいは八坂祭りと呼んだりもする。

基本的に神話というのは、さまざまな土地の出来事や伝承の破片を寄せ集めて生みだされていく。森から集めてきた枝で木工細工をつくるようなものだ。そのせいで、きわめて類似的ではあるが、揺らぎや差異をはらんだ工作品＝物語が数多くつくりだされてきた。同時に、さまざまな要素が練りこまれることで、普遍的内容を獲得していったという面もある。その意味では、世界とはなにか、人間とはなにか、という命題にこたえつづけてきた民衆の知恵が神話である。

フランツ・ボアズは『北米インディアンの世界』のなかで、神話の生成についてこんな話をしている。中心から周辺にむけて神話が伝播する過程で、緻密に構成された神話体系は冒険譚となり、さらにその一事件（断片）へとモザイク化していく。ところが、その断片に新たな要素が加わり、また複雑な物語を生成するのだ。ボアズの指摘は、祭囃子にもあてはまるかもしれない。いずれも、微妙な差異をはらんで変化・生成を繰り広げている。

越中八尾おわら風の盆…富山県富山市八尾町、9月1日から3日
名舟大祭 御陣乗太鼓…石川県輪島市名舟町、7月31日・8月1日
平戸ジャンガラ念仏…長崎県平戸市、8月14日から18日
石取祭…三重県桑名市、本楽8月第1日曜日・試楽は前日
熊谷うちわ祭…埼玉県熊谷市、7月19日から23日

第9章　生き物を仲立ちとして

蠱毒のコミュニケーション

蠱毒《こどく》とは、古代中国においてもちいられた呪術をいう。伝承によれば、壺《つぼ》のなかに毒蛇や毒虫などをいれてフタをする。すると凄惨な捕食が繰り広げられ、最後まで生き残ったものが最強の呪力をもつ「蠱」になるとされる。犬をつかった呪術を犬神、猫の場合は猫鬼《びょうき》というが、これらとならぶ生き物をつかった呪術の一種である。

「呪《しゅ》」は呪いという言葉に結びつきやすい。たしかにネガティブなエネルギーとしてとらえられてきたが、本来は自然や宇宙に宿る生命との対話を意味していた。インドのマントラが言葉や文字を意味していたように、呪もまた宗教的な讃歌や祭詞、呪文であった。すなわち超越的存在と対話をするための言葉である。

「呪」の一種とされる蠱毒は別名、巫蠱《ふこ》ともいわれる。蠱は蠱を皿のうえにおいた状態をさし、巫は神霊の依り代となってその意思を伝える存在のことだ。蠱はたんに虫だけではなく、ネズミやミミズ、ときに爬虫類などもふくまれる。すなわち、こうした蟲を媒介として、異界とのコミュニケーションをはかろうというのが蟲毒である。

この蟲毒が、祭りと直接関係しているというわけではない。とはいえ、なんらかの意思が生き物をとおして顕現するという考え方は、古くからあった。底辺には、万物にはすべからく神が宿るとする八百万の神という考え方だろう。太陽や月、山や川、台所や竈《かまど》、植物、もちろん動物にも神は宿る。

たとえばアイヌの人々は、狩猟でとらえたヒグマなどを神の化身としてあがめ、その魂を神の国に送り帰そうとした。熊のかたちを借りて人の世界にやってきた精霊に対し、礼をつくしてもてなし、ふたたびもとの国に帰っていただくわけである。そのあと、人々はぬけがらとなった熊のムクロを仲間たちとわけあい、その肉をいただく。イオマンテと呼ばれる熊送りの祭りは、まぎれもなく異界との交信であり、交換の儀式だ。

アイヌ語でイは「それ、だれか」をさす言葉で、オマンテは「いかせる、送る」という意味である。すなわちイオマンテは熊だけではなく、自然界の動物を神の国に送る儀式をさしている。動物たちは人間にとって都合のいいだけの家畜ではなく、ひとつの命として存在するという思想がひしひしと伝わってくるものだ。そこには、自然の営みへの敬意が満ちている。こうした考え方は、アイヌだけにかぎったものではない。クジラを寄り神とした信仰が全国各地に見られるが、これもまた類似の思想から生まれている。

いまの時代は科学というテクノロジーを媒介にして、見えない世界とつながろうとする。かつてはシャーマニズムや宗教、陰陽道などが、最新のテクノロジーとして政治や学問、社会と深く結びついていた。祭りという儀式は、こうした古代のテクノロジーを基盤として、大衆のなかに生まれた知の体系といえる。知とは外界とのコミュニケーションでもあるのだ。

本章では、さまざまな生き物を山車やかぶり物として登場させる祭り、あるいは動物そのものが主役となった祭りに注目した。

カマキリのかぶり物で舞う

静岡県森町は古い宿場町の風情を残し、「遠州の小京都」ともいわれる。伝承によれば、室町時代後期の１４９６（明応5）年、この地に摂津国の四天王寺（大阪市）から祭りが伝わった。これが飯田地区にある山名神社の祭礼としていまに受け継がれ、地元では「飯田の祇園祭り」「お天王さま」などと呼ばれ親しまれている。祭りの正式な名称は山名神社天王祭という。

祭りでは神輿の渡御、屋台8台の引き回しのほか、「山名神社天王祭舞楽」の奉納がある。とりわけ「蟷螂《とうろう》の舞」は昆虫のかぶり物をつけて舞うというもので、全国的にもきわめてめずらしいスタイルだ。蟷螂とはカマキリのことで、それを模したかぶり物のほか、４枚の羽根を背中につけて舞う。

かつては村々の辻で舞ったようだが、いまは神社の境内に舟形の舞台を設置し、そこで鼓・笛・

太鼓にあわせて舞う。演目は8段で構成され、最初から順に八初児《やっはち》、神子《みこ》、鶴、獅子、迦陵頻《かりょうびん》、龍《りょう》、蟷螂、優塡獅子《うでんじし》とつづく。

舞い手は、小学生から中学生までの男子が務める。最初の八初児は八撥とも書き、清めの舞いである。顔には赤い布、手にバチをもって優雅に舞う。獅子の舞は、かぶり物をつけた舞い手が跳びはねたり、足を踏み鳴らすなど勇壮なものだ。竜の舞は、舞い手が途中で柱によじ登り、逆さになってからだをそらせるなど、曲芸的な要素をもっている。

これらの舞いは舞楽というよりも、風流《ふりゅう》系の舞いの伝統を引く。時代的には応仁の乱以前からあるもので、獅子舞などに代表される。獅子舞にはそもそも、伎楽系（神楽系）と風流系の2種がある。伎楽系は西日本を中心に全国で見られ、胴体部分に複数の舞い手がはいることもある。いっぽう、風流系は関東・東北地方に多く、基本的にひとりが1体を担当。腹にくくりつけた太鼓をたたきながら舞う。かぶり物は獅子のほか、竜や鹿などのこともある。

神々を愉しませるために歌や舞いなどの技を披露する者を、かつて「わざおぎ」と呼び、「俳優」の字をあてた。わざおぎとは、神を「招《お》ぐ態《わざ》」という言葉の転倒語で、まねきのための振る舞いをさしている。本来はおもしろおかしいものだったが、儀式化されることで様式化が進むとともに、いっぽうでは見せる技として芸能に発展した。

さて、山名神社は、江戸時代には牛頭《ごず》天王社と呼ばれていたが、明治時代にはいって正式に現在の名称となった。この神社の舞楽は小國神社、天宮神社のものとあわせ、「遠江森町の舞楽」として国の重要無形民俗文化財に指定されている。小國神社と天宮神社の十二段舞楽は、一部に滑稽味《こっけいみ》のある戯舞《ざれまい》などもあるが、基本的にはおごそかな雰囲気が漂う。山名神社とは対照的な舞いである。

日本の舞楽は、仏教とともに大陸から伝わり、独自の様式をもつようになったとされる。当初は宮中や社寺で舞われたが、しだいに地方へと伝播していった。東海地方では、名古屋市の熱田神宮と静岡市の浅間神社に舞楽の伝統が残されているが、片田舎の森町で、しかも3つの神社にそれが受け継がれているというのはきわめて貴重な事例である。

吉野の聖域に蛙あり

奈良県の南部、吉野山から大峯山《おおみねさん》山上ケ岳にかけての一帯は、古代より聖域とされてきた。山深いこの地に修験道の本山、金峯山寺《きんぷせんじ》がある。寺の周辺は吉野桜の名所として知られ、南北朝時代は南朝の中心地でもあった。

この金峯山寺にある蔵王堂で、毎年7月7日、蓮華会と蛙飛びの行事がおこなわれる。蔵王堂は高さ34メートル、幅36メートルの大きさで、木造建築としては東大寺大仏殿につぐ規模という。

まず蓮華会だが、これは捨篠池から運んできた蓮の花を、本尊の蔵王権現に供える行事をさす。この池は大和高田市奥田にあって、弁天池ともいわれる。修験道の開祖である役小角《えんのおづぬ》が、産湯をつかったと伝えられる場所だ。この日の昼すぎ、山伏たちは法螺貝を吹きながら、蓮取り舟に乗って池を進み、蓮を採取する、その後、道中にある祠《ほこら》に花を献じながら、吉野山の金峯山寺をめざす。

同じ時刻、蛙《かえる》太鼓台と呼ばれる山車《だし》の一行も寺をめざして出発する。蛙太鼓台というのは、〈ふとん太鼓〉ともいわれる大型の太鼓台の一種で、ふとん神輿、ふとんだんじり、ふとん屋台の名で呼ばれることもある。その名のとおり、正方形のふとんを模した巨大な飾り物が、山車の屋根のうえに逆ピラミッド状に積み重ねられている。大阪の泉州や河内、兵庫の淡路島や播州などの祭りでしばしば見られる。

大きな蛙太鼓台（ふとん太鼓）は、「エーライヤッチャ、エーライヤッチャ」という掛け声とともに、50人以上もの男衆によって担がれる。金峯山寺の急な石段を大きな太鼓台が駆けあがっていくところは、見せ場のひとつである。このとき太鼓台には人が乗り、太鼓を打ち鳴らしながら、寺に練りこんでいく。

蛙飛びは、この蓮華会の一環としておこなわれる行事である。太鼓台の練りこみは、すでに蛙飛び行事にふくまれる。というのも、ここではすでに、かぶり物による大蛙が太鼓台に乗せられているからだ。

その後、蔵王堂では山伏たちによる献花法要がなされ、かぶり物の大蛙が堂内からでてくる。大蛙は台座にひざまずくと、跳ねるような動きで導師のもとにやってくる。そのあと、導師の授戒によって、人の姿に戻されることになる。

この行事のもとになった古い言い伝えがある。それによると、平安後期の白河天皇の時代に、修験道を軽んじた男が山伏に暴言を吐いた。そのため大鷲にさらわれ、断崖絶壁におき去りにされてしまったという。男はみずからのしたことを悔い、改心したため、金峯山寺の高僧が男を蛙の姿に変えて崖から救いだした。その後、高僧はこの蛙を蔵王堂に連れ帰り、法力によってもとの姿に戻したとされる。この物語はまったくありえないつくり話のように聞こえるが、かつて法力や呪法が現代でいう科学に匹敵する存在感をはなち、技術という同じ地平に立っていたことを考えれば、そこに人の世界と異界とを結ぶ回路が見えてきたりもする。

古くから「神奈備《かむなび》」という言葉があるが、これは神の宿る領域を意味している。吉野山や大峯山、さらに和歌山県の熊野三山はまさにそうした場所である。山岳信仰の霊地とされてきただけに、古くから多くの山伏たちがこの地で修行をおこなってきた。こうした日本古来の山岳信仰が、神道や仏教、道教などと習合し、修験道が生まれた。日本独自の混淆《こんこう》宗教である。大峰山のほかには、石川県の白山などが霊山とされてきた。

ただし神仏混淆とはいいながら、じっさいはかなり仏教色が濃くなっている。神道にはかなり極端で過激な世界を志向することがあるが、仏教は中庸を重んじる。蛙飛びの行事も極端な物語が展開されるなかで、やがて丸く収まっていく。

神を降ろすキツネの化粧

大分県の姫島は国東《くにさき》半島の沖あい約4キロ、瀬戸内海の西に浮かぶ離島である。周囲17キロほどの細長い島で、2000人ほどが暮らしている。この島では毎年、ユニークな盆踊りがもよおされる。

踊りは、伝統踊りと創作踊りのふたつに大別される。伝統踊りにはアヤ踊り、キツネ踊り、猿丸太夫、銭太鼓《ぜんだいこ》などがあり、鎌倉時代の念仏踊りから発展したものといわれる。いっぽうの創作踊りは、毎年新しくつくられ、ほとんどはその年かぎりのものだ。いずれも太鼓による囃子と唄い手による盆踊り唄にあわせて踊られ、その年の祭りに登場する踊りの数はざっと70種にのぼる。

踊りの会場となるのは、中央広場と地区ごとに設けられた「盆坪」と呼ばれる場所の計7カ所。各会場では、円形の柵をつくって、中央には太鼓をおいたやぐらを組む。踊り手は地区ごとに15〜20人が1組となり、島内の盆坪を巡って踊る。

この盆踊りには、じつに不思議な味わいがある。それは、子どもたちが白ギツネに扮するキツネ踊によるところが大きい。顔に白塗りの化粧をほどこし、そこに赤いヒゲなどを描いてもらう。化粧は、神霊が降臨したことを示すものだった。さらに、子どもたちは白ずくめの衣装を身にまとい、手には提灯を吊るした華やかな傘をもつ。その姿は愛らしく、どこか妖しくもある。

ほんもののキツネは薄茶色のものが多いが、祭りでは白になる。これは百年、千年を生きて妖力をもったキツネであることを意味している。化粧や衣装はそれをあらわしたもので、子どもたちはキツネを真似たユーモラスな仕草で輪踊りをおこなう。

ただし踊りの先頭にいる子どもは、キツネの姿ではない。浴衣に黒い羽織を着て、頭には編笠をかぶっている。この装束は庄屋をあらわしていて、キツネたちにからかわれているのだという。横暴な庄屋を風刺したものだ伝えられる。キツネを媒介にして価値の転換をはかっているともいえるだろう。もとはおとなの踊りだったが、戦後になって北浦地区の子どもたちによって踊られるようになった。

アヤ踊りは、北浦地区の若い男女が2人1組になって踊る。男性はアヤ棒と呼ばれる青竹をもって、優雅に踊る女性のあいだを縫うようにして、激しい踊りを見せる。銭太鼓は松原地区のもので、これも若い男女が2人1組で踊る。男性はフグ皮を張った片面太鼓をもち、腰を落としてやはり女性のあいだを縫うようにして踊る。猿丸太夫は西浦地区の女性による優雅な踊りで、これは島外から伝わってきたものだといわれる。タヌキ踊りでは、大海地区の子どもたちが、タヌキに扮して愛嬌たっぷりの踊りを繰り広げる。

このほか、少女だけの踊りもいくつかある。その多くは、女の子に白塗りの厚化粧をほどこし、日本髪を結いあげ、裏地のある袷《あわせ》の晴れ着に身をつつんで踊るというものだ。扮装をしたり顔を隠したりする踊りが多く、夏の仮装舞踏会といった様相を呈する。盆踊りに演劇的な要素をとりこみ、非日常を演出している様子がうかがえる。

柳田國男は、祭りの参加者のなかに「ただ審美的の立場から、この行事を観望する者の現れたこと」で、祭りが変わっていったとしている。外部者の視線が祭りを変化させたということだ。海上交通の要衝だった姫島の地理的要因が、多様な踊りを生み、島の盆踊りを変容させたのである。

本来は祖霊供養の意味あいがあり、かつては初盆を迎える家を村人たちが訪れ、家のまえで輪踊りをした。踊り手は頬かむりをして人相を隠し、死者に扮してその生前の物語を演じた。家の者たちは食事をふるまうなどして、これをもてなすのが習わしだった。いわゆる魂祭《たままつ》りの一種である。折口信夫によれば、古代の日本では死霊と生魂を区別なくあつかい、とくにこの時季は魂の交流や入れ替えがなされたという。

田園をゆく張り子の動物

市来の七夕踊は、美しい田園風景が印象的な祭りだ。鹿児島県の旧市来町にある大里地区を舞台としたもので、400年以上の伝統をもつ。この地区は東シナ海に面し、すぐ隣には長さ47キロにもわたって砂浜がつづく吹上浜がある。

踊り自体は風流《ふりゅう》芸能の一種で、集落の全員が参加する大がかりな七夕行事だ。御霊信仰と虫送りの意味あいを強く残している。興味をひかれるのは、ツクイモン（作り物）と呼ばれる大きな張り子の動物たちだ。ツクイモンは鹿・虎・牛・鶴の4つからなる。これらが、のどかな田園地帯を行列をつくってつぎからつぎに姿を見せ、夏空のしたでユニークな寸劇を演じる。その様子を順に見ておこう。

鹿のツクイモンは、4人の若者によって担がれている。鹿は鉄砲をもった猟師3人に撃たれ、倒されては起きあがる。そのなかで、鹿と猟師との問答が繰り返される。そこにはとぼけた味わいがある。

8人で担がれる虎のツクイモンは、頭がゆらゆらと揺れ動く。この虎の頭を虎狩り4人が槍で突いたり、反対に虎に食われそうになったりしながら、虎に酒を飲ませるやりとりが繰り広げられる。牛のツクイモンは16人で担がれる。その前後に牛使いがいて、牛をうまく操る様子が演じられる。途中、木と竹で組まれ白布をかぶせられた牛が、逆立ちをする。ここが牛のツクイモンの見せ場である。

鶴は背の高いツクイモンだが、これをひとりが動かす。鶴は真竹を組んで布をかぶせたもので、口には稲穂をくわえている。この鶴が、えさ撒きのまいた米のもみ殻をついばむ。ほかのツクイモンとはひと味ちがったもの静かな所作である。

このあと、太鼓踊り（本踊り）や行列物がつづく。太鼓踊りでは、花笠に七夕飾りをつけた踊り手たちが、手にした太鼓を打ち鳴らしながら、ゆったりとした唄で踊りを披露する。荘厳な雰囲気があり、ツクイモンとは対照的だ。さらに行列物では、大名行列、琉球王行列、長刀踊りが繰り広げられる。

起源をたどれば、豊臣秀吉による朝鮮出兵にまでさかのぼる。いくさに参加した戦国武将の島津義弘をはじめ、薩摩国の兵士たちの武勲を祝い、大里地区の村人たちが思い思いの踊りを踊った。これが踊りのはじまりとされる。その後90年ほど期間があいて、江戸時代に薩摩藩が水路工事をおこない、田に水が引かれた。その祝いにかつての踊りを復活させ、これがいまに継承されているという。

そもそも七夕は、奈良時代もしくは平安時代に中国から伝わった「乞巧奠《きこうでん》」に由来する。牽牛星（わし座のアルタイル）と織女星（こと座のベガ）を祀る儀式である。月の満ち欠けによる暦で暮らしていた時代は、半月になったときが七夕で、その月が西の空に姿を見せると日が落ちた。七夕の神事は、夜明けの晩におこなわれることが多かった。午前1時ごろである。旧暦7月7日の夜明けの晩は、牽牛星と織女星、天の川がもっともよく見える時間帯のためにそうしたのだろう。これが日本古来の棚機津女《たなばたつめ》の信仰に結びついた。天から降りてくる水神のために機を織る女性の物語だ。

七夕が長くつづいているのは、稲作が関係している。暦でいう半夏生（七十二候のひとつで、夏至から11日目）のころに、田植えで疲れたからだを休めるための習わしがあった。祭りをする条件が整っていたのである。しかも笹を流すという行為は、禊《みそぎ》として盆の準備にもつながっている。

野馬、東北を駆ける

野馬とは野飼いの馬をいう。相馬野馬追《そうまのまおい》では、甲冑《かっちゅう》に身を包んだ騎馬武者たちが、戦国絵巻さながらに合戦を模した行事を繰り広げる。福島県南相馬市を中心とした勇壮な伝統行事だ。その規模の大きさ、勇猛さは他に類がないほどで、「世界一の馬の祭典」とさえいわれる。

祭りの初日は宵祭りと呼ばれ、出陣式からはじまる。これは相馬にある中村神社、太田神社、小高神社の相馬三妙見神社でそれぞれおこなわれ、主会場となる雲雀ヶ原祭場地（南相馬市原町区）にむけて出陣する。祭場地はなだらかな丘陵にあって、観覧者は草地に座って祭りにのぞむ。地元では「野馬追日和」という言葉があって、祭りのときは晴れるという言い伝えがある。

2日目は本祭りを迎える。この日は500騎を超える豪華な騎馬武者行列をへて、古式甲冑競馬や神旗《しんぎ》争奪戦がおこなわれる。これにむけて、騎馬武者たちは腰に太刀を帯び、背には先祖伝来の旗指物をつけ、約3キロを行列して進む。

古式甲冑競馬に出走する馬のほとんどは、元競走馬だ。競馬ファンのなかには懐かしい馬の登場を、感慨深いまなざし見つめる人も多い。出走時、武者は兜《かぶと》をとって白鉢巻きでのぞむ。しかし、鎧《よろい》は身につけたままで、鞍《くら》や鐙《あぶみ》をあわせると、馬が乗せる重量は100キロほどに達する。

このあと、夏草の野で神旗争奪戦がおこなわれる。空高くに花火が炸裂し、長さ30センチほどの神旗がひらひらと舞い落ちてくる。これを騎馬武者たちが馬上で奪いあう。馬を操る技術、風の読み方など見どころは多い。旗はかつて幡とも書き、神霊が降臨する印ともいわれただけに、この行事は祭りを象徴するものといえる。

最終日におこなわれるのが、野馬追古来の姿を現在に残す野馬懸だ。野にはなたれた馬を神社境内に追いこみ、お小人といわれる白装束の男たちがこれを捕らえて神前に奉納する。神が騎乗する馬として神聖視された神馬《しんめ》である。絵馬が出現する以前の、神と馬と人との結びつきをいまに伝えている。

歴史をたどれば、平将門が領内の下総国相馬郡小金原に野生馬を放し、これを敵兵に見立てて訓練をしたのがはじまりとされる。土地の名前にもなった相馬は、将門を祖とする一族をさす。平泉

（岩手県平泉町）に本拠があった奥州藤原氏を追討する奥州合戦で功をあげ、相馬郡の地頭となった。

江戸時代になると、現在は南相馬市になった原町や小高、鹿島が陸前浜街道の宿場として栄えた。相馬氏は武道を重んじるとともに、妙見神社への信仰が厚かった。これをあきらかにする祭礼行事として、野馬追祭をおこなってきた。

ところが、維新後の１８７２（明治５）年に野馬原の野馬がすべて狩られ、野馬追はいったん消滅した。それを惜しむ声があがり、祭りの再興が企図された。そこで、相馬三妙見のひとつ、太田神社が中心となって、１８７８（明治11）年から前述の相馬三妙見神社が、合同で祭りを復活させたといういきさつがある。

人と馬のつながりは深い。それを示すものとして、飛鳥時代後期から平安期にかけて、土馬と呼ばれる馬形の土人形がもちいられた。当時の遺跡から数多く発掘されている。また、東北には古くから、おしら様と呼ばれる家の神の信仰がある。とくに青森県や岩手県に色濃い。その正体はよくわからないが、蚕の神、馬の神、農業の神などといわれ、神体は桑の木でつくった棒に、衣を重ね着させたものが多い。素朴な雛人形のように見え、棒の先には人や馬の顔を彫ったり、描いたりしている。いわれをたどれば馬娘婚姻譚にいきつく。人と馬が結ばれる異類婚の物語だ。いま考えればなんとも奇妙な話だが、神話の世界で神と人が結ばれることが暗喩となっている。デモーニッシュな世界観といってもいい。

これが昔話や民話になると、理解しやすいかたちになって、許されない者たちの悲恋物語に姿を変える。正反対にも見えるが、そこには凡庸な日常を超えていくイマジネーションの力が宿っているということだろう。

神話や昔話は理性的な歴史から排除されてきた。しかし、それらは原初の歴史認識であり、人間のあり方を物語として表現したものだ。たんなる絵空事ではない。むしろそこには、人間の根源を問う野心的な試みを見ることができる。

山名神社天王祭…静岡県森町、7月15日に近い金曜日から日曜日
蓮華会・蛙飛び（金峯山寺）…奈良県吉野町、7月7日
姫島盆踊り…大分県姫島村、盆の時期
市来の七夕踊…鹿児島県いちき串木野市、8月7日に近い日曜日
相馬野馬追…福島県南相馬市、7月最終週の土曜日開幕で神事24日・25日

第10章　異形のものたちを招く

祭りにとりこまれた「遊び」

日常生活が秩序のもとにあるとすれば、非日常の祭りは混沌のなかにある。秩序の壁をひととき打ち壊し、その世界をかき混ぜるには、ある種の衝撃が効果を発揮する。それはリスクをともなうが、それでもあえて非日常をもちこむのは、淀みや停滞がけがれにつながるという考えが底辺にあるからだろう。平安末期の歌謡集『梁塵秘抄』に、こんな歌が残っている。

遊びをせんとや生れけむ、戯れせんとや生れけん、
遊ぶ子供の声きけば、我が身さえこそ動《ゆる》がるれ。

遊ぶ子どもの無邪気さに、思わず自分もからだを動かしてしまったと歌っている。詠み手を遊女とする説もあるが、だれが詠んだにせよ苦しい日々をひとときでも切り替えようとする心の表現に

はちがいない。ここでとりいれられたのが遊びである。

フランスの社会学者ロジェ・カイヨワは『遊び』のなかで、つぎの4つの要素にわけて遊びを考察している。アゴン（競争）、アレア（運）、ミミクリ（模擬）、イリンクス（めまい）である。祭りにも、こうした要素がたくみにとりこまれている。

たとえば流鏑馬《やぶさめ》には競いの要素が色濃い。本来は武芸練磨を目的としていたが、やがて儀式性をもつことで、吉凶占いにもつかわれるようになった。勝負事や競争は実力に加え、運すなわち偶然によって結果が左右される。こうした遊びの要素をとりこんだわけだ。また、祭りの山車や仮面などには、自然や動物を真似たものが多く見られる。模倣することでイマジネーションをふくらませたのである。あるいは囃子のリズムや踊りの旋回などは、めまいを誘い陶酔を呼びこむ。これらの遊びが神霊を愉しませ、幸を呼ぶと考えられた。それが極端なかたちとしてあらわれたものを、奇祭と呼んでいる。

奇祭に多く登場するのは、鬼である。鬼とはそもそも山の精霊であり、荒ぶる神々の総称だった。ところが仏教の伝来とともに地獄の思想が流れこみ、罪深き人々を罰するおそろしい存在として広まった。中世の能楽の世界では、怨霊と化した人の魂を鬼として表現している。こうした鬼を祭祀に登場させることで、鬼の力を借りながら悪霊や疫病神を追い払おうとした。鬼にかぎらず異界から出現した異形のものたちが、町や集落をめぐる祭りもある。

アフリカの東に浮かぶコモロ諸島で精霊憑依《ひょうい》を調査した花渕馨也は、憑依を仮面の受肉化ととらえ、自己と他者が流動的になる現象だとしている。仮面というメディアによって、内部と外部のあいだに通路が開けるということである。さらに、アフリカ東岸部の精霊の多くは、その社会が歴史的に接触した外部の民族や事物をかたどり、その特徴をそなえている、と花渕は指摘する。異形のものが登場する祭りを見るうえで興味深い観察だ。これは、折口信夫のいうマレビト信仰にもつうじるだろう。折口は共同体の外からきた客人をマレビトと呼び、そもそもは神と同義語であったとしている。

奇祭と呼ばれる祭りには、こうした異相の神々や精霊が多くあらわれる。このほか性的な要素が露骨なかたちで盛りこまれている祭りなどもそう呼ばれる。そこにはすくなからず、その土地の歴史や風土が刻みこまれている。まずは鬼の登場する夏祭りから見ていこう。

女性を襲う暴れ天狗

福井県美浜町新庄にある日吉神社の例祭に、八朔祭がある。八朔とは旧暦8月1日をさし、400年にわたってつづけられてきた。いまは月遅れの9月1日におこなわれる。八朔祭と呼ばれる祭りは日本各地に見られ、この時季は早稲の初穂が実るころとあって、「田の実の節句」といわれたりもする。

美浜町では、山間部に位置する集落が東西にわかれ、午前中は東字《ひがしあざ》、午後は西字《にしあざ》がそれぞれ「大角樽《おおつのだる》」と呼ばれる朱塗りの樽神輿を担ぎ、これを神社に奉納する。かつては樽につめたドブロクを振る舞っていたので、「ドブロク祭」とも呼ばれた。

午前中におこなわれる東字の祭りは、さまざまに奏でられる囃子がその特徴となっている。囃子にあわせ樽神輿の行列が粛々とつづき、おごそかな気配が漂う。行列の先頭はのぼりをもった男の子が務める。午前の祭りがおわると、東字では地区の公会堂で直会《なおらい》がおこなわれる。

午後は西字の祭りとなる。こちらの樽神輿は暴れ樽と呼ばれ、その勢いのよさが見どころだ。かつては樽が破損したり、建物が壊れたりと、かなり激しい暴れっぷりだったという。八朔襦袢という薄い和装の下着を身につけた若者が、八朔音頭を歌いながら走り回るのも西字ならではの演出だ。午前中とは雰囲気ががらりと変わり、男衆の掛け声や歌も荒々しい。もともとこの祭りは西字だけでおこなわれていたが、人口減少などの事情から、東字も参加するようになった。

この祭りが奇祭といわれるのは、「暴れ天狗」によるところが大きい。東字は黒の衣装、西字は赤の衣装で登場し、ともに長い鼻の天狗面をつけ、手には男根を模した棒をもっている。天狗は女性や子どもを見つけると、衣装に隠していた棒をとりだして追いかけ回す。かつては家のなかまで追いかけてきたという。

この棒は神の宿る神棒であり、これで突かれた女性は子宝に恵まれるとされる。恵みは大地にもおよび、稲はたわわに実をつけ、秋の収穫につながる。人間の生殖から農作物の繁殖へと広がるアナロジー（類推）である。

天狗は土着の国津神サルタヒコで、天からつかわされた天津神ニニギの案内役を務める。そのため神輿が巡行する際に、天狗は先頭に立った。これに、オドケと呼ばれる仮装の若者たちがついて回る。オドケは警官や婦人、物乞いなどの格好をしていて、世相をあらわしている。顔は白塗りであったり、手づくりの面をかぶったりして、からだの前後にメッセージを書いた看板をぶらさげている者もいる。

天狗とオドケを務める者は、祭りの朝、ぽんと肩を叩かれて知らされるという。そのまま別室で天狗やオドケに扮し、祭りに参加することになる。

そもそも天狗とは、中国で凶事を知らせる流星をさす言葉だった。流れ星すなわち、霊魂とみなしていたのである。これが日本に伝わったのち、密教や山岳信仰の影響を受けて、現在のような姿かたちへと変化していった。したがって、『古事記』や『日本書紀』に記述されるサルタヒコとは本来、異なる存在である。ところが、長身で鼻が高いとされるサルタヒコの風貌から、しだいに天狗と一体視されるようになっていったという経緯がある。

地獄を舞台に鬼が舞う

千葉県横芝光町は九十九里平野のほぼ中央に位置し、町の真ん中を栗山川が貫いている。この町の虫生《むしょう》という集落に、広済寺という古刹がある。鬼来迎《きらいごう》は、この寺に伝わる地獄劇である。別名、鬼舞い。地獄を舞台にした仮面狂言である。

芝居の内容は、死者が閻魔大王の裁きを受け、鬼の責め苦にあっていると、そこに菩薩があらわれて救われるというもの。いわゆる因果応報、勧善懲悪の世界で、ほかには類を見ない民俗芸能である。

鬼来迎は盆の8月16日、本堂脇の仮設舞台で演じられる。古くからの言い伝えでは、この日に地獄の釜が開かれるという。鬼にも年2回、盆と正月に休息日があるようで、その前日には地獄の釜のふたを閉めて、亡者をむし焼きにする。休みが明けると、鬼は釜のふたを開け、閻魔大王に休みをもらった礼を述べにいくのだという。そのあいだだけ、亡者たちにつかの間の休息がもたらされるのである。

芝居は「大序→賽の河原→釜入れ→死出の山」の4段と、広済寺建立縁起を物語る「和尚道行→墓参→和尚物語」の3段からなる。7段すべてを上演すれば、約1時間30分かかる。現在は前半の4段のみが上演されている。

起源をたどれば、約800年前の鎌倉時代初期までさかのぼる。諸国を旅していた薩摩国の禅僧、石屋《せきおく》が夜道に迷い、虫生の里の辻堂で眠り、夢を見た。亡者たちが、鬼の責め苦を負わされている地獄図である。そのなかに、妙西信女という名の若い娘がいた。その翌日のこと、石屋は娘の墓参にきた父母にでくわす。父母はこの地の領主で椎名安芸守とその妻だった。石屋の夢を聞いた安芸守は、自分の悪行を悔い、娘をとむらうために寺を建立することにした。1196（建久7）年のことである。娘の法名「妙西」を「広西」と改め、寺の名は慈士山地蔵院広西寺（現・広済寺）とした。

ところが、話はこれでおわらない。寺ができた年の夏、激しい雷雨が虫生を襲った。そのとき、寺の庭に青鬼・黒鬼・赤鬼・白鬼・祖老母の面が天から降ってきたという。青鬼と白鬼の面は失われたが、石屋は残りの黒鬼・赤鬼・祖老母の面を寺にとめおいた。

同じころ、鎌倉に運慶、湛慶、安阿弥という3人の仏師がいた。ある夜、この3人が同じ夢を見たという。虫生の寺で、石屋と安芸守夫婦が卒塔婆を立て、菩薩に救済されるという夢である。不思議に思った3人は虫生を訪ねた。そこで石屋に会って話を聞き、閻魔大王、老母、菩薩などの面を彫って、寺に献納したとされる。石屋はこれらの面で鬼に扮し、8月16日に地獄劇を演じた。

鬼来迎は一度でも休むと疫病が流行るといわれ、石屋のあとを受けて、虫生では上演がつづけられている。舞台設営から衣装、演者まで、すべてを地元の人々だけでまかなう。にもかかわらず、とても素人芸とは思えない完成度の高さである。

鬼の正体は判然としないが、語源を「おぬ（隠）」とする説がある。すなわち目に見えないもの、異界からこの世を侵犯する存在であり、渡来人をさすともいう。鬼退治の話は各地にみられるが、青森県の岩木山では古くから鬼信仰があり、弘前市内には鬼を祀る鬼神社が残っている。島根県の隠岐にある西ノ島では、海からの強風を鬼と呼んできた。

ゴーサマにつかまれば命がない

奇妙な祭りは数多くあるが、この祭りにはかなり不気味な味わいがある。

真言密教と修験道が融合した、全国でもめずらしい祭りだが、それだけではない。なにより言い伝えがおそろしい。神が「護法実《ごほうざね》」と呼ばれる行者に乗り移って、真夜中に寺の境内を駆け回る。つかまった者は、3年以内に死ぬというのだ。祭りに参加した者たちは、悲鳴をあげながら逃げ惑うことになる。

正式には両山寺護法祭。地元の人たちは、「護法飛び」あるいは「お遊び」と呼んだりもする。8月14日の深夜に開かれる祭りだ。舞台となるのは、標高689メートルの二上山《ふたかみさん》の中腹に建つ両山寺である。

この寺は714（和銅7）年に泰澄が開いたといわれ、正観世音菩薩を本尊とし、20余りの僧房と7つの伽藍《がらん》をもつ。平安時代以降は真言宗と天台宗という2つの山岳密教の道場となった。祭りは1275（建治元）年、定乗という僧侶がはじめたといわれる。

神が憑依《ひょうい》するという護法実は毎年、護法祭保存会によって選ばれる。選ばれた者は寺の護法院で1週間、精進潔斎に務め、水垢離《みずごり》などの修業を積む。祭りの日になると、夜10時ごろ、護法実がこの護法院から姿をあらわす。白装束にわらじ履きといういでたちだ。そのあと、真っ暗闇の山道を登って山頂の祠までいき、そこで経文を唱える。この間、寺の境内では傘踊りなどの郷土芸能がおこなわれ、にぎわいを見せる。

やがて提灯を先頭に山伏などの行列が、護法実を迎えにいく。この行列に囲まれて護法実は本堂にむかい、そこで卍を白抜きにした黒装束に着替える。さらに、頭には白い半紙を裂いてつくった

「紙手《しで》」というかぶり物をかぶる。本堂のあかりが消されると、山伏による法螺貝の音が響き、太鼓が打ち鳴らされ、経文が唱えられる。警護と呼ばれる子どもたちが「ゴーサマ、バラオン、サラオン」と呪文を唱えながら、護法実の周囲をぐるぐる回りはじめる。

からだを揺らしていた護法実が突然、動きを止める。そのまま立ちあがると、本堂を勢いよく飛びだしていく。護法神が憑依したのである。

人々はこの神を「護法様」あるいは「ゴーサマ」と呼ぶ。ゴーサマが本堂から姿をあらわすと、境内は騒然となる。ゴーサマは走り回り、逃げ惑う人々を追いかける。

捕まった人は、修験道のやり方にのっとり厄を落としてもらわなければならない。それを怠れば、3年以内に命を落とすとされる。ゴーサマは30分ばかり暴れ回り、本堂に戻っていく。住職がその頭に水をかけることで、憑依していた神霊が離れる。そのあと、行列がふたたび山頂の祠へとむかい、神送りがなされる。祭りがおわるのは、夜中の1時をすぎたころだ。

祭りがおわると、護法実のかぶっていた紙手が、住職の手によって祭りの参加者に配られる。厄除けと五穀豊穣のお守りになるのだという。紙手は、紙垂あるいは四手とも書く。特殊な断ち方をして折った紙のことで、稲妻をイメージしている。

美作地方ではかつて10カ所ほどの寺院でおこなわれていた伝統行事だが、現在は3カ所までその数を減らしてしまった。

増殖をうながす田植え祭り

御田植祭《おんだまつ》りといわれる行事が、全国各地で見られる。田の神に豊作を祈願するもので、田植えの時季におこなわれることが多い。田の神は農神や百姓神、作神、野神などと呼ばれ、山の神信仰や祖霊信仰とも深く関係する。新年に予祝行事としてもよおされる場合は、田遊び、春田打ち、庭田植えなどの名がついていたりする。これらもふくめて、すべてを御田植祭りとすることもある。

愛媛県西予市城川町の御田植祭りは一般に「どろんこ祭り」と呼ばれ、田植え後におこなわれる。1881（明治14）年ころから、三嶋神社の神事として受け継がれてきたようだ。一説では、宇和島市三間地域から伝わったともいわれる。

祭りでは、神社脇の神田を舞台に、田植えまでの農作業が順を追って模擬的に演じられていく。これによって、田植えがおわった喜びを田の神に感謝し、秋の収穫を祈願する。「奥伊予の奇祭」という呼び名もあるように、泥だらけになって演じられるユーモアあふれるパフォーマンスが、この祭りをユニークなものにしている。

最初におこなわれるのが「代かき」だ。水を張った田に7頭ほどの牛が横一列でならび、土をかきならしていく。いまでは機械化されてしまった作業だけに、迫力ある牛の動きに観客が湧く。代かきがおわると、「あぜ豆植え」に移る。4人の男がたいまつで田んぼの虫を払い、あぜ豆を植える仕草をおもしろおかしく演じていくことになる。ところが、この作業がやがてたがいに突き飛ばしあったり、投げあったりとドタバタ劇に転じていく。ときには、飛びいりでお巡りさん役が登場することもある。

最大の呼び物は「さんばい降ろし」という神楽だ。さんばいというのは、田の神の名前である。田んぼに設けられた舞台で、3人の若い男たちが鉦と太鼓を鳴らしながら、供え物をしたり踊ったりしている。そこに天狗の面をつけた大番《たいばん》があらわれる。いたずらをはじめた大番を若者たちは田んぼに投げいれようとするが、うまくいかない。結局は、4人全員が落ちて泥まみれになってしまうというもの。田の泥にまみれるという行為には、おそらく神とふれあうというような意味が隠されていたのだろう。

このあと、早乙女たちによる手踊り、さらに田植え唄を歌いながら苗を植えるといった行事がつづく。田植えの主役はむかしから女たちで、ときに悪ふざけで男たちを田に引きずりこんだりした。男女の距離が近くなる時季でもあったわけだ。田の泥をこすりつけあいながら男女が戯れる姿は、粗野ではあるけれど官能的な香りがある。

冬の祭りだが、奈良県明日香村におんだ祭りがある。ここでは性的関係が露骨に表現される。まずは、天狗が股間にあてた竹筒を回転させ、その竹筒から白飯のうえに酒＝液体をかけるという「汁かけ」の儀式が披露される。そのあと、男性の演じるお多福が神社の拝殿に寝転がり、天狗と交わる。「種つけの儀」と呼ばれるものだ。お多福は股間を紙で拭き、この「拭くの紙（福の神）」を観衆に投げつける。性行為を農作物の実りにたとえながら、共同体と田畑の繁栄＝増殖を願うものである。

ミルチャ・エリアーデは『聖と俗』のなかで、女性は大地と密接に結びついているとし、「出産は大地の産出力の人間段階における一儀式である」と書いている。生殖という具体的な出来事を豊穣のアレゴリーと見ているのである。

なお、田植えの祭りがおこなわれる梅雨の時季は、暦のうえで半夏生《はんげしょう》と重なる。二十四節気をさらに約5日ずつ3つにわけた七十二候のひとつだ。夏至から数えて11日目から5日間ほどをさし、ハンゲ（カラスビシャク）という植物が生えだすころにあたる。地方によってはこの時季、天から毒気が降ってくるといわれたり、妖怪ハンゲがでるといった話も残されている。農家の習わしでは、半夏生にはいるまでに田植えをおわらせるものとされてきた。少なくともこの期間は、作業をひかえるという言い伝えもある。農繁期であるため、からだに無理がこないよう、ひと休みするという知恵だったのかもしれない。

異形の仮面神、悪石島に出没

鹿児島と奄美大島のあいだに大小の島々がつらなるトカラ列島がある。南北162キロと日本一長い村を形成し、十島村《としまむら》という名をもつ。そのなかにある悪石島に、ボゼと呼ばれる来訪神行事が受け継がれている。

ボゼは仮面神だとされ、旧盆の前後におこなわれる盆踊りの最終日、旧暦7月16日にあらわれる。島の言い伝えによれば、ボゼの役割は、祖霊とともに死の国からやってきた死霊たちを退散させ、ふたたび生の国を蘇らせることにある。しかし、その正体は判然とせず、来訪神あるいは仮面神であると安易に判断できないところもある。

祭りの日は、3人の若者が赤土と墨を塗った異形の面をかぶり、ボゼに扮する。からだにはヤシ科のビロウという植物の葉をつけ、腕や足にシュロの皮を巻き、手には男根を模したボゼマラという長い棒をもっている。巨大な仮面は150センチほどの大きさだ。そこには赤い目があり、そのうえに大きな左右4枚の羽をそなえている。これらはまぶたと眉だとされる。さらに、長く尖った鼻と大きな口をもち、かなりの迫力だ。仮面全体は赤茶色に塗られ、そこに黒のタテ縞模様が描かれている。その姿は古木の精霊か、もしくは巨大化した昆虫のようでもある。インドネシアやニューギニアなど、南方系の仮面神との類似性も指摘される。

祭りの日の午後、3体のボゼが聖地とされるテラ（墓地に隣接する広場）を出発する。島の古老による呼びだしと太鼓の音に導かれ、ボゼは島民が盆踊りに集まっている公民館まえの広場にやってくる。からだを揺するような奇妙な動きをしながら、ボゼマラをもっておもに女性や子どもを追い回し、棒の先端についたアカシュイ（赤い泥水）を擦りつける。子どもたちはボゼの異様な姿に悲鳴をあげて逃げ惑い、あたりは叫び声と笑い声につつまれ騒然となる。これによって悪霊が祓われ、女性は子宝に恵まれるという。

騒ぎはしばらくつづき、そのあと太鼓の音が奄美に伝わる六調のリズムに変わると、ボゼは広場の中央に集まって踊りはじめる。ふたたび太鼓の合図があると、3体のボゼはその場を去っていく。

ボゼがテラに戻ったあとは、その仮面を跡形もなく壊してしまうのが習わしだ。以前はボゼだけでなく、牛の姿をしたウシボゼや、からだを黒く塗った仮面のないハダカボゼなどが出現したという。出没場所は部落総代の家や庭だった。かつてはトカラ列島の中之島にもボゼがあらわれたというが、いまは悪石島に残るだけである。中之島のボゼは夏ではなく、ヒチゲーと呼ばれる冬の行事に登場したようだ。

島内各所には、神々を祀る小さな祠《ほこら》が多くある。神山と呼ばれる亜熱帯性植物の群生も、人家にまざって点在する。それぞれが聖地とされるが、ボゼとこれらを関係づける行事はない。

ボゼほど奇怪な姿ではないが、薩摩半島の南さつま市高橋でおこなわれるヨッカブイ祭りにも仮面神があらわれる。ヨッカブイとは夜着かぶりの意で、シュロでつくた頭巾をかぶり、着流しの夜着姿にワラ縄をしめ、鉦を鳴らしながら裸足で歩き回る。

この仮面神はオオガラッパ（大河童）と呼ばれ、奇声をあげながら、笹竹で人々を叩いたり、小さな子どもを袋づめにして連れ去ろうとしたりする。子どもを脅したり諭したりする習わしは、秋田のナマハゲなどにもつうじる。このヨッカブイは水神（シッチドン）を鎮めるための行事として、300年にわたって受け継がれてきた。こうした仮面神は異界につながるメディアとして機能し、日常空間にダイナミックな揺さぶりをかけつづけている。

南洋からきた不思議な神

南の島の話をつづけよう。

波照間島は日本最南端の有人島で、八重山諸島に属する。この島の名は「果てのうるま（珊瑚礁または琉球の意）」に由来するというが、八重山の方言ではベスマと呼ばれる。「我らの島」という意味だ。周囲約15キロほどの小さな島で、島内にはブーゲンビリアやハイビスカスの花が咲き、美しい景色に満ちている。

この静かな島で旧暦7月14日の盆の中日に、ムシャーマと呼ばれる祭りが開かれる。豊年祈願と先祖供養を目的としたユニークな行事で、島が1年でもっともにぎわう日だ。

ムシャーマとは「武者、猛者、亡者」を語源とする説もあれば、波照間島の言葉で「おもしろい」を意味するムッサハーから転じたとする説もある。たしかにおもしろい祭りで、島人たちによるユニークな仮装のほか、島特有の風俗に異国的な要素が加味され、多種多様な民俗芸能を目にすることができる。

祭りの朝は、ドラの音ではじまる。島全体が3組に別れ、島の中心部にある公民館の広場にむけ、ミチジュネーと呼ばれる仮装行列を繰り広げる。ブーパタ（大旗）を先頭に、色紙などで飾りつけをした竹や柳の大枝が二番手、さらにミルクと呼ばれる不思議な顔の仮面神がつづく。

ミルクは白い仮面をかぶり、禿頭で大きな耳をしている。その表情が笑っているようでもあり、それでいて感情がないようでもあり、なんとも不思議な印象だ。手には扇をもち、たもとの長い黄色い着物を身にまとっている。〈弥勒〉が訛ったものとされるが、その顔は布袋に似て、正体はよくわからない。着物の色彩やどこかユーモラスな顔立ちは、アジア的ではあるが、その出自ははっきりしないまま独特の存在感をはなっている。石垣島で開かれる登野城の豊年祭が、この祭りの起源だともいう。

伝承によれば、1791（寛政3）年、八重山の黒島で役人をしていた大浜用倫という人が海で嵐にあい、海をさまよった末に安南（ベトナム）に漂着した。そこで豊年祭に登場するミルクにいたく感激し、仮面と衣装を譲り受けた。そののち用倫は沖縄本島の首里に戻るが、なかなか八重山に帰れず、仮面や衣装などを人に託して黒島に届けた。これにより、ミルクが八重山にもたらされたとされる。

ミルクは波照間以外にも八重山諸島の祭りに登場する。それどころか台湾やベトナムでもこれに似た仮面を見ることができる。インド発祥の弥勒信仰と沖縄地方のニライカナイ信仰があわさって、独自の来訪神として定着したと思われる。

行列ではミルクのうしろに、ミルクンタマー（弥勒の子ども）と呼ばれる子どもたちがいる。そのあとに地歌、笛、三線《さんしん》などの歌い手や奏者で構成された一群がしたがう。ときどき道化役のブーブザが行列にちょっかいをだしてくる。このブーブザはミルクの旦那とされる。大浜用倫がつくったという弥勒節をはじめ、豆《まみ》どうま節、稲摺《いにすり》節、嘉利吉《かりゆし》節などの地歌も披露される。このほか、島に伝わる舞踊やさまざまな芸能が繰り広げられる。

ムシャーマの祭りでは、やがて仮装行列が公民館に到着すると、各組ごとにテーク（太鼓）やボー（棒）といった演目を披露する。つづいてニンブチャー（念仏踊り）、最後は各組の獅子舞となり、これらがおわるころには夕刻になっている。

まだ日が残る夏空のした、3組の行列はふたたび朝きた道を練り歩きながら、それぞれの部落に帰っていく。こうしてムシャーマの長い1日がすぎていく。

＊

渡来の祭りは沖縄周辺だけにとどまらず、九州や畿内にも多くみられる。たとえば海の神を祀る大阪の住吉神社、兵庫の西宮神社や海《わたつみ》神社なども、渡来した海人《あま》族系の神社だと思われる。ほかにも、海からの漂着物をえびす神として祀っている神社が、日本各地に数多く存在している。

たしかに渡来の祭神は、異文化との接触を強くにおわせるものだ。しかし、渡来神にせよあるいは天空神にせよ、重要なのは外部世界をもつということだったのではないだろうか。それをもたない社会は危険だということを、人々は集団の記憶として感じとっていたのかもしれない。

19世紀ドイツの哲学者フリードリヒ・シェリングは、悪について興味深い考察を残している。悪というのは外部を失うことによって、内部でつくられるというのだ。個々の人間がそうであるように、集団や組織にもそれはいえる。ある集団は独自のシステムを維持するために、他のシステムを排除する必要がある。ところが、外部を失ったシステムは自身のなかに「異質なもの」をつくりだす。これが、シェリングのいう悪の動的な力というものだ。

興味深いのは、こうした悪のダイナミズムである。悪のポジティブな原理といってもいいだろう。シェリングの考えよれば、善という普遍性に対して、悪は個別性であるという。個別性とはすなわち、自由を意味する。したがって、悪の動的な力が増せば、自由もまた広がるというのである。自由とは逸脱であり、可能性といいかえることもできる。祭りを考えるうえで、きわめて示唆的な考察ではないだろうか。

むかしの人々は異界を想像し、異界に棲む神々や精霊をこの世に迎えようとした。それは、外部世界をつくりだす必要があったからにちがいない。祭りというある種の毒性は、沈滞を逃れ、共同体の可能性を担保するうえで、なくてはならないものだった。それゆえに、共同体という閉じられたシステムは、内部に異質なものを生みだした。これを怠れば破滅するということを、人々は知っていたのだろう。

さらにいえば、形而上学的な思考によって世界を認識し、現実世界を操作していたということである。その知恵の結晶を、祭りのなかに見ることはじゅうぶんに可能だろう。

八朔祭…福井県美浜町新庄、9月1日
鬼来迎…千葉県横芝光町虫生、8月16日
護法祭…岡山県美咲町、8月14日
どろんこ祭り（御田植祭り）…愛媛県西予市城川町、7月第1日曜日
おんだ祭り…奈良県明日香村、2月第1日曜日
ボゼ…鹿児島県十島村悪石島、旧暦7月16日
ヨッカブイ祭り…鹿児島県南さつま市高橋、8月22日
ムシャーマ…沖縄県波照間島、旧暦7月14日

❖各章で紹介したおもな夏祭り一覧

序　章　みたらし祭り／宮田祇園祭／灘のけんか祭り／脇岬祇園祭

第1章　オロチョンの火祭り／吉田の火祭り　すすき祭り／那智の火祭り／御燈祭／五山送り火（大文字焼き）／花背の松上げ／豊橋祇園祭

第2章　水無神社祭礼　みこしまくり／素盞嗚神社祇園祭／茅ケ崎海岸浜降祭／布良の祭り／海を渡る祭礼／佐土原夏祭り／住吉祭／深川八幡祭り／葛和田大杉神社あばれみこし

第3章　山あげ祭／博多祇園山笠／戸畑祇園大山笠行事／粉河祭／うわじま牛鬼まつり／仁尾竜まつり

第4章　舟っこ流し／尾張津島天王祭／天神祭／管絃祭／精霊（シャーラ）船送り／ウンジャミ

第5章　祇園祭／曳山祭り（浅小井祇園祭）／会津田島祇園祭／浜崎祇園祭／小友祇園山笠／津和野祇園祭　鷺舞神事

第6章　青柏祭／三国祭／鰺ヶ沢白八幡宮大祭／福井県坂井市石崎奉燈祭／あばれ祭り／小須戸喧嘩燈籠まつり／じゃんとこい魚津まつり／秋田竿燈まつり／青森ねぶた祭／滑川のネブタ流し

第7章　早池峰しし踊り／郡上おどり／阿波おどり／白石踊り／西馬音内盆踊り／山鹿灯籠まつり／黒石よされ

第8章　越中八尾おわら風の盆／名舟大祭 御陣乗太鼓／平戸ジャンガラ念仏／石取祭／熊谷うちわ祭

第9章　山名神社天王祭／蓮華会・蛙飛び／姫島盆踊り／市来の七夕踊／相馬野馬追

第10章　八朔祭／鬼来迎／護法祭／どろんこ祭り（御田植祭り）／おんだ祭り／ボゼ／ヨッカブイ祭り／ムシャーマ

大西昭彦（おおにし・あきひこ）

1961年兵庫県生まれ。同志社大学経済学部卒業、神戸大学大学院博士課程前期修了。報道・編集・映像分野で活動。著書に『神戸・都市経営の崩壊』（共著、ダイヤモンド社）、『相談師』（共著、プラネットジアース）など。映画『劇場版 神戸在住』を企画プロデュース。神戸山手大学非常勤講師。

夏祭りの戯れ

2018年7月10日　初版第1刷発行

著　者――大西昭彦
発行者――稲川博久
発行所――東方出版(株)
〒543-0062　大阪市天王寺区逢阪2-3-2
Tel. 06-6779-9571　Fax. 06-6779-9573
装　丁――寺村隆史
印刷所――亜細亜印刷(株)

乱丁・落丁はおとりかえいたします。
ISBN978-4-86249-333-0

兵庫の祭	旅行ペンクラブ編	1600円
大阪の祭	旅行ペンクラブ編	1500円
大阪三六五日事典	和多田勝	1800円
にっぽん版画紀行	片桐昌成	2800円
大津絵　日本民藝館所蔵	尾久彰三監修	2800円
神々の森　熊野・沖縄・北海道　岡田満写真集	岡田満	4000円
三輪山の大物主神さま	大神神社監修・寺川真知夫原作	1200円

＊表示の値段は消費税を含まない本体価格です。